PRINC...
POSITIVOS
de *Vida*
PARA MUJERES

KAROL LADD

CASA
CREACIÓN

La mayoría de los productos de Casa Creación están disponibles a un precio con descuento en cantidades de mayoreo para promociones de ventas, ofertas especiales, levantar fondos y atender necesidades educativas. Para más información, escriba a Casa Creación, 600 Rinehart Road, Lake Mary, Florida, 32746; o llame al teléfono (407) 333-7117 en Estados Unidos.

Principios positivos de vida para mujeres por Karol Ladd
Publicado por Casa Creación
Una compañía de Charisma Media
600 Rinehart Road
Lake Mary, Florida 32746
www.casacreacion.com

No se autoriza la reproducción de este libro ni de partes del mismo en forma alguna, ni tampoco que sea archivado en un sistema o transmitido de manera alguna ni por ningún medio—electrónico, mecánico, fotocopia, grabación u otro—sin permiso previo escrito de la casa editora, con excepción de lo previsto por las leyes de derechos de autor en los Estados Unidos de América.

A menos que se indique lo contrario, el texto bíblico ha sido tomado de la Santa Biblia, Nueva Versión Internacional ® NVI ® copyright © 1999 por Bíblica, Inc.® Usada con permiso. Todos los derechos reservados mundialmente.

Las citas de la Escritura marcadas (RV60) corresponden a la de la versión Reina-Valera © 1960 Sociedades Bíblicas en América Latina; © renovado 1988 Sociedades Bíblicas Unidas. Utilizado con permiso.

Las citas de la Escritura marcadas (NTV) corresponden a la Santa Biblia, Nueva Traducción Viviente, © Tyndale House Foundation, 2010. Usado con permiso de Tyndale House Publishers, Inc., 351 Executive Dr., Carol Stream, IL 60188, Estados Unidos de América. Todos los derechos reservados.

Traducido por: Signature Translations
Diseño de la portada: Lisa Cox
Director de diseño: Bill Johnson

Originally published in English under the title:
Positive Principles for Women
Copyright © 2013 by Karol Ladd
Published by Harvest House Publishers
Eugene, Oregon 97402
www.harvesthousepublishers.com

Copyright © 2014 por Casa Creación
Todos los derechos reservados

Library of Congress Control Number: 2014938644
ISBN: 978-1-62136-907-3
E-book ISBN: 978-1-62136-920-2

Nota de la editorial: Aunque la autora hizo todo lo posible por proveer teléfonos y páginas de internet correctas al momento de la publicación de este libro, ni la editorial ni la autora se responsabilizan por errores o cambios que puedan surgir luego de haberse publicado.

Impreso en los Estados Unidos de América
14 15 16 17 18 * 5 4 3 2 1

Contenido

Introducción
Lecciones de vida de personas ligeramente imperfectas

No desprecie el desierto. Allí es donde Dios
pule las gemas más brillantes.

R.A. Torrey

Pues los sufrimientos ligeros y efímeros que ahora pa-
decemos producen una gloria eterna que vale
muchísimo más que todo sufrimiento.

2 Corintios 4:17

Si usted es la clase de persona que le gusta aprender de sus errores y hacerse más fuerte a pesar de la adversidad, entonces este libro es para usted. Todos tropezamos y tomamos decisiones no tan buenas de vez en cuando. La mayoría de nosotros enfrentamos dificultades ocasionales e inesperadas, pero el éxito en la vida no se basa en el número de cuevas en que caemos, sino en cómo aprendemos y crecemos a medida que escalamos para salir de ellas.

Las personas más positivas que conozco son aquellas que toman sus resbalones y desafíos y los convierten en piedras angulares para crecer, cambiar y madurar. Deciden convertirse en mejores personas a medida que sortean los obstáculos y saltan las vallas. Para ser honesta, la mayoría de los puntos fuertes en mi propia vida se han desarrollado como resultado de las lecciones de vida que he aprendido de escenarios que estuvieron muy lejos de ser perfectos. En cada error, cada decepción y cada prueba, siempre hay nuevos principios de vida que se deben reconocer y descubrir en el proceso. Estas lecciones pueden servir para convertirnos en mujeres sabias, seguras y positivas.

Lo que este libro puede hacer por usted

Cada capítulo de este libro resalta un principio de vida positivo que usted puede aplicar en su vida de una manera práctica y personal. Los principios han salido de la vida de mujeres de la Biblia ligeramente imperfectas, así como de ejemplos de personas que nos rodean en la actualidad. Las verdades transformadoras que podemos aprender de ejemplos de la Biblia son válidas para cada época, fe y estatus social. Nos podemos sentir fácilmente identificadas con mujeres cuyas historias se escribieron hace muchos siglos porque, aunque la sociedad ha cambiado, las necesidades de las mujeres son las mismas. Como mujeres, deseamos sentirnos amadas. Tenemos temores, preocupaciones y ansiedades. Todas las mujeres sufren decepciones en algún momento. A menudo tenemos que tratar con personas difíciles. Hay momentos en la vida cuando nos cansamos y nos sentimos exhaustas y tendemos a deprimirnos con cierta facilidad.

Este libro pretende traer esperanza, alivio y renovación a su vida ligeramente imperfecta. Nadie tiene una vida totalmente perfecta, de modo que saquemos esa imagen de nuestras mentes. No desperdiciemos tiempo deseando lo que pudo haber sido; más bien, tomemos lo que tenemos y convirtámoslo en lo mejor que podamos. Aunque las adversidades y las decepciones puedan tomarnos por sorpresa, a Dios no le sorprenden en lo absoluto. Él tiene un plan que va más allá de nuestras frustraciones y es capaz de transformar nuestras situaciones ligeramente imperfectas en nuevos paisajes hermosos.

Podemos confiar cada uno de los detalles de nuestras vidas a su bondad y su fidelidad. Puede que la vida no sea buena, ¡pero Dios sí lo es! Él es un Dios redentor y capaz de producir algo hermoso de las cenizas.

Dar pasos positivos

Si su vida no es el cuadro perfecto que había planificado, agárrese de la esperanza y de la belleza de lo que puede aprender a medida que continúa en su viaje. Las verdades imperecederas que aparecen a lo largo de estas páginas le darán inspiración y ánimo para dar pasos positivos y así avanzar en la vida. Cada capítulo termina con una "estrategia de vida positiva" que le ofrece una verdad poderosa, un plan de acción para que lo implemente en su propia vida y una idea para que "entre en acción", para extenderse y bendecir la vida de alguien más como resultado de lo que ha aprendido. También he añadido un versículo sobre cada tema para memorizarlo, de modo que pueda llevar con usted las verdades de este libro continuamente a lo largo de su vida.

Aunque esta es una lectura individual muy buena, se dará cuenta de que también es perfecta para un estudio en grupo. He añadido algunas preguntas para el debate al final de cada capítulo, en caso de que quiera leerlo junto con otras personas. Al final encontrará una breve referencia de dos páginas sobre los ocho principios de vida positivos que aprenderá en este libro, así como algunos libros adicionales que recomiendo. Mi oración es que a medida que usted aplica los poderosos principios que se describen en este libro, se convierta también en una influencia positiva en las vidas de aquellos que le rodean, elevándolos también a mayores alturas. Nunca subestime las poderosas formas en que Dios puede usar a una mujer positiva para marcar una diferencia perdurable en este mundo.

No hay lecciones tan útiles como las que se aprenden en la escuela de la aflicción.

J.C. RYLE

Capítulo uno
Escuche las voces correctas

Si desea viajar en el rumbo de Dios, tiene que chequear
que el timón de los pensamientos sea el correcto.

W.J. Dawson

Por lo demás, hermanos, todo lo que es verdadero, todo
lo honesto, todo lo justo, todo lo puro, todo lo amable,
todo lo que es de buen nombre; si hay virtud al-
guna, si algo digno de alabanza, en esto pensad.

Filipenses 4:8, rv60

¿Qué es lo que parece estar creciendo en el jardín de su mente en este momento? ¿Acaso no sería maravilloso si los pensamientos en nuestras mentes se asemejaran a un jardín encantador y bien cuidado, lleno de pensamientos refrescantes y de esperanza, pensamientos que siempre vieran lo mejor en otros, en nuestras circunstancias y en nosotros mismos? El jardín secreto de nuestra mente puede florecer con colores vibrantes y enriquecedores, pero muy a menudo las monótonas y apagadas hierbas del desaliento, la desesperación y la duda de nuestras propias capacidades parecen asfixiar nuestros pensamientos buenos y veraces. Si no tenemos cuidado, las malas hierbas pueden adueñarse de los jardines de nuestra mente y podemos convertirnos en personas amargadas, negativas y sin gozo. Afortunadamente, podemos aprender a estar atentos a nuestros pensamientos y las cosas a las que nuestras mentes suelen prestar atención. Es posible desarraigar los pensamientos negativos y alimentar, en lugar de ellos, las verdades que producen vida.

Cada día en nuestra mente se plantan vástagos de pensamientos, algunos buenos y otros no tan buenos. Un pariente criticón, un compañero de trabajo hiriente, un error del pasado, una decepción frustrante, pueden empezar a dominar nuestras mentes y llegar a desanimarnos completamente si se lo permitimos. Es fácil estandarizar lo negativo. Esto se da con mucha naturalidad, así como las malas hierbas. Es por eso que tenemos que ser cuidadoras diligentes de nuestras mentes, plantar semillas buenas y saludables y no permitir que las hierbas de la negatividad y la duda pueblen nuestros cerebros. A.W. Tozer dijo: "Aquello en lo que pensamos cuando somos libres de pensar acerca de lo que queramos, eso es lo que somos o en lo que muy pronto nos convertiremos".[1] En otras palabras, nuestros pensamientos pronto se convierten en nuestras acciones. La mente es una herramienta poderosa y podemos transformarnos cuando la renovamos.

❧

¿Qué voces está escuchando? ¿Qué voces dirigen su vida? ¿Introducen esas voces la verdad o insinúan el temor, el desaliento y la duda? Tal vez recuerda esta antigua canción de cuna:

> María, María la arpía
> ¿Cómo crece tu jardín?
> Con campanas de plata y conchas de hojalata
> Y chicas bonitas todas juntitas.

Existen numerosas teorías sobre el asunto al que esta pintoresca rima se estaba refiriendo, pero podemos usarla como un recordatorio del hecho de que debemos cuidar el jardín de nuestra mente con mucho esmero para fomentar lo que es verdadero, noble, justo, puro, amable y admirable. Aunque María se describe como una arpía, como un personaje antagónico y desagradable, nosotras no tenemos por qué ser así.

El jardín de nuestra mente puede ser diferente dependiendo de lo que plantemos en él. Así que tenemos que preguntarnos, ¿cómo crece nuestro jardín? ¿Estamos plantando semillas de verdad o estamos cultivando un jardín basado en suposiciones y preocupaciones?

Podemos convertirnos en mujeres extraordinarias simplemente pensando más allá de nuestras circunstancias diarias. Cuando llenamos nuestras mentes con las verdades de que Dios es fiel y está interesado en cada detalle de nuestra vida, comenzamos a ver la vida desde una perspectiva diferente. Podemos tener paz en medio de la tormenta mientras mantenemos el amor eterno de Dios en la vanguardia de nuestros pensamientos. Tozer también dijo: "Lo que nos viene a la mente cuando pensamos en Dios es lo más importante acerca de nosotros". Si sabemos y creemos que Dios es verdaderamente bueno, entonces reconocemos que incluso los retos que se presentan en nuestro camino o las oraciones sin contestar que tenemos en nuestras vidas tienen un propósito mayor que lo que somos capaces de ver en el momento presente.

En los últimos años los patrones del clima en América del Norte han estado haciendo algunas cosas locas. Enormes tornados asesinos en los estados del sur y del centro de los Estados Unidos, una y otra vez. Una pareja de ancianos en Alabama salió en las noticias. La casa en la que se habían casado y donde había vivido toda su vida adulta y tenían todos los recuerdos de su familia había sido totalmente demolida por una de estas tormentas devastadoras. Finalmente habían podido construirla otra vez y estaban a punto de establecerse de nuevo en lo que se asemejaba bastante a la vida que habían tenido, cuando otra gigantesca tormenta pasó ¡y otra vez arrasó con su casa completamente! Cuando los entrevistaron en las noticias, la esposa expresó gentilmente su frustración ante aquella circunstancia (y tenía todo el motivo), pero luego añadió: "Pero sé que Dios tiene un plan más grande y estamos confiando en Él a través de todo esto".

¡Solo una mente que florece con una visión generosa de la bondad y la fidelidad de Dios puede responder de una manera tan positiva! La fe y la esperanza son flores fuertes y robustas en el jardín de la mente y del corazón de esta mujer. Yo quiero responder de esa manera a los retos de la vida, ¿usted no? Ya sea una pequeña herida que produzcan las palabras hirientes de alguien o un gran desastre que cambie la vida, yo quiero responder con un dolor genuino así como con una gracia y una fortaleza que nazcan de la confianza, en vez de con incertidumbre y desesperación. Todo comienza en la mente cuando consideramos quién es Dios y cómo interactúa con nosotros.

El jardín perfecto

Incluso si su vida es maravillosa y sin complicaciones, todavía es posible que pueda escuchar las voces equivocadas. Mire el ejemplo del jardín perfecto, el primero que hubo, el Jardín del Edén. Actualmente, si viviéramos en ese Jardín, seguramente la vida sería perfecta y solo tendríamos pensamientos hermosos y llenos de fe. ¿No es así? ¿Cómo podría algo salir mal si tenemos las circunstancias perfectas, el esposo perfecto, la relación perfecta con Dios...y qué decir del cuerpo perfecto, del jardín perfecto y de las comidas perfectas cada día? ¡Eva era una mujer que lo tenía todo! Pero ¡ay!, una semilla de duda fue plantada en su corazón y ella permitió que creciera y se convirtiera en un pecado.

Eso fue lo que sucedió.

La serpiente era más astuta que todos los animales del campo que Dios el Señor había hecho, así que le preguntó a la mujer:

—¿Es verdad que Dios les dijo que no comieran de ningún árbol del jardín?

—Podemos comer del fruto de todos los árboles —respondió la mujer—. Pero, en cuanto al fruto del árbol que está en medio del jardín, Dios nos ha dicho: "No coman de ese árbol, ni lo toquen; de lo contrario, morirán."

Pero la serpiente le dijo a la mujer:

—¡No es cierto, no van a morir! Dios sabe muy bien que, cuando coman de ese árbol, se les abrirán los ojos y llegarán a ser como Dios, conocedores del bien y del mal.

La mujer vio que el fruto del árbol era bueno para comer, y que tenía buen aspecto y era deseable para adquirir sabiduría, así que tomó de su fruto y comió. Luego le dio a su esposo, y también él comió. En ese momento se les abrieron los ojos, y tomaron conciencia de su desnudez. Por eso, para cubrirse entretejieron hojas de higuera.[2]

Fíjese cómo la voz sutil de Satanás se cuela y siembra la duda: "¡No es cierto, no van a morir! Dios sabe muy bien que, cuando coman de ese árbol, se les abrirán los ojos y llegarán a ser como Dios, conocedores del bien y del mal". La pequeña semilla de la duda había sido plantada. La semilla que dice: "¿Realmente Dios la ama? Si la amara no le impediría que comiera del fruto de ese árbol. No, solamente está velando por sus propios intereses y no quiere que usted sea como Él. No desea lo mejor para usted, sino solo su propio bien. No puede confiar en su amor y en su cuidado por usted si le niega el privilegio de comer de esa fruta". De modo que Eva escuchó la voz de la duda en vez de confiar en el cuidado amoroso de Dios. Permitió que la pequeña semilla fructificara y entrara en acción, y como resultado toda la humanidad cayó.

La semilla de la verdad tiene una voz diferente. La verdad dice: "Dios la ama y sabe lo que es mejor para usted. Le ha dado todo lo que necesita para satisfacer el deseo de su corazón. Confíe en su amor por usted y confíe en que Él sabe lo que es mejor". ¡Oh, qué flores tan hermosas crecen en la mente de aquella mujer que escucha la voz de la verdad! Su vida está llena de paz porque sabe que Dios la ama y la está cuidando. Él es el que la sostiene. Su vida está llena de gozo porque sabe que Él la ha redimido y la ha liberado del poder del pecado a través de Cristo. Su vida está llena de esperanza porque busca las glorias del cielo y no las de este mundo. Las semillas de la verdad que se encuentran en el suelo rico de la Palabra de Dios crean los jardines más hermosos que este mundo haya visto jamás.

¿Cómo está creciendo su jardín?

¿Qué voces habitan en su mente? Tal vez una de ellas es la voz del temor que susurra: ¿Y si sucede esto? O tal vez es la voz que duda de sus propias capacidades, que la amonesta y le dice: "Has cometido tantos errores estúpidos anteriormente, no puedes hacer nada bien". Tal vez es la voz del desprecio, que la golpea continuamente mientras ruge: "Estás demasiado gorda. Estás demasiado fea. Nadie te quiere. Probablemente Dios cometió un error cuando te formó". Las voces que escuchamos adoptan muchas formas y posturas, pero no tenemos que permitirles que planten semillas que poblarán nuestras mentes.

En cambio, podemos arrancar esas malas hierbas de raíz y remplazar estos pensamientos con las semillas de la verdad.

Me gusta usar un pequeño proceso de tres pasos cuando necesito cambiar mi forma de pensar: reconocer, desarraigar y reemplazar. Tres palabras para llegar al pensamiento correcto. Es asombroso lo rápido que puede crecer la mala hierba en nuestras mentes sin que siquiera nos demos cuenta de ello. En lo que respecta al jardín de flores que tenemos en el frente de nuestra casa, me da la impresión de que las malas hierbas crecen de la noche a la mañana. Luego de solo unos días, ¡algunas de esas plantas inoportunas suelen crecer hasta llegar a tener el tamaño de un pequeño arbusto! Así que tenemos que estar vigilantes y alertas, para reconocer las hierbas enseguida que aparecen. El apóstol Pedro (quien sabía algunas cosas acerca de la tentación, ya que él mismo fue tentado y luego negó a Cristo), escribió: "Practiquen el dominio propio y manténganse alerta. Su enemigo el diablo ronda como león rugiente, buscando a quién devorar".[3]

Es algo inevitable, las dudas, el desaliento y las mentiras aparecerán de repente en nuestras cabezas. ¿Cómo las reconocemos? Debemos dedicar un momento a considerar nuestros propios pensamientos personales recurrentes, aquellos que parecen estar creciendo en nuestro propio jardín. Yo misma luché muchos años con la duda de mis capacidades en todas las áreas de mi vida, desde mi apariencia física hasta mi habilidad para construir relaciones.

En primer lugar, tuve que reconocer que eran pensamientos dañinos y destructivos. Estaban causando más perjuicio que beneficio. A menudo nos acomodamos a nuestros temores y dudas y no logramos identificarlos como malas hierbas. Tenemos que reconocer que no están basados en la Palabra de Dios y que acaban con el gozo de nuestras vidas. Estos pensamientos también impiden que crezcan las buenas semillas.

Deténgase un momento y considere: ¿cuáles son algunas de las voces destructivas que está permitiendo que crezcan en su mente? ¿Cuáles son esos temores que está alimentando continuamente? Un buen indicador de su pensamiento dañino es pensar en cuál fue el tema de su última discusión con alguien. A menudo las discusiones son el motivo de nuestros pensamientos dañinos. Reconozca el pensamiento engañoso por lo que es y también reconozca que lo está distrayendo a usted, y a otros, de los hermosos atributos que están listos para crecer y florecer. Aún peor, el pensamiento engañoso puede destruir esos atributos.

Arrancar de raíz las malas hierbas

Una vez que comienza a reconocer las malas hierbas en su propio cerebro, entonces es hora de arrancarlas de raíz. Si alguna vez ha atendido un jardín sabe que si solo arranca la parte superficial de las malas hierbas, estas aparecerán otra vez enseguida. ¡Tiene que arrancarlas de raíz! Eva tenía que haber desarraigado la voz del enemigo llegando a la raíz del problema. No se trataba solo del fruto, más bien se trataba de la duda sobre la bondad y el cuidado de Dios.

El asunto de fondo era la falta de confianza de Eva en el amor de Dios por ella. Dios le había dado todos los árboles de aquel jardín perfecto excepto el árbol del conocimiento del bien y del mal. Había hecho esto por el bien de ella y de Adán, para protegerlos. Pero, en vez de enfocarse en la bondad, el cuidado y la provisión de Dios, Eva empezó a pensar que Dios le estaba reteniendo algo. Creyó la mentira de que Dios no la amaba y que le estaba negando lo mejor. Sin embargo, el amor y la bondad de Dios nos dicen: "Te he dado todo lo que necesitas". La voz de la duda dice: "Dios no te ama. Mira lo que te está negando".

¿Qué hay en la raíz de las voces negativas que aparecen de repente en nuestras cabezas? Piense bien en ello por un momento. Con respecto a mis propias dudas, cuando le pedí a Dios que me revelara lo que estaba en el fondo de mi corazón, empecé a darme cuenta de que había algunos temas profundos. Uno era mi temor a lo desconocido y la falta de confianza en que Dios realmente cuidaría de mí, independientemente de lo que sucediera en mi vida. También me di cuenta de que mi propia reputación se había convertido en un ídolo en mi mente. Quería agradar a todo el mundo y no podía soportar la idea de pensar que alguien descubriera que tenía defectos. Me di cuenta de que confiar en Dios significa confiar en que Él cuidará de mí sin importar lo que suceda. Confiar en Él también significa creer que Él me hizo y me formó y que no cometió ningún error. Significa confiar en que Él protegerá mi reputación y honor.

Somos hechura suya, creados para buenas obras. Dios tiene un plan para nosotros y es nuestro Buen Pastor, quien nos dirige y nos guía a lo largo de todo el plan que tiene para nosotros siempre y cuando nos volvamos a Él. La Biblia nos recuerda que Dios es quien produce en nosotros tanto el querer como el hacer para que se cumpla su buena voluntad.[4] Somos obras maestras creadas en Cristo para buenas obras, las cuales Dios ha preparado de antemano para que andemos en ellas. Sí, verdaderamente él tiene un buen propósito para nosotros, porque nos ama. En última instancia, cuando llego a la raíz de las voces que suelo escuchar, esas raíces lucen muy similares a las de Eva: dudo de la bondad y del amor eterno de Dios por mí.

Tratar con las raíces de las malas hierbas en mi mente me permitió desarraigarlas, confesarlas a nuestro Padre amoroso

---

y luego encaminarme en una nueva dirección. Necesitaba remplazar las raíces viejas y feas con una verdad vibrante y saludable. ¿Cuál es la verdad que conozco acerca de Dios? La Biblia revela que Dios es amor. La esencia de su naturaleza es amor. Dios es bueno y es fiel. Todo lo puede. ¡Oh, qué semillas tan poderosas e influyentes aquellas que plantamos en nuestro cerebro cuando conocemos la Palabra de Dios!

Considere las siguientes semillas del Salmo 23, que pueden convertirse en hermosas plantas floridas, no solo al transformar nuestras acciones y palabras, sino también la manera en que reaccionamos ante las circunstancias.

> El Señor es mi pastor, nada me falta;
>   en verdes pastos me hace descansar.
> Junto a tranquilas aguas me conduce;
>   me infunde nuevas fuerzas.
> Me guía por sendas de justicia
>   por amor a su nombre.
> Aun si voy por valles tenebrosos,
>   no temo peligro alguno
> porque tú estás a mi lado;
>   tu vara de pastor me reconforta.
> Dispones ante mí un banquete
>   en presencia de mis enemigos.
> Has ungido con perfume mi cabeza;
>   has llenado mi copa a rebosar.
> La bondad y el amor me seguirán
>   todos los días de mi vida;
> y en la casa del Señor
>   habitaré para siempre.[5]

¡Qué tesoro tan valioso se encuentra en este salmo, una de las cartas de amor de Dios para nosotros! ¡Qué hermoso recordatorio del cuidado fiel que nuestro Padre celestial tiene de nosotros! Sumérjase en las palabras: "La bondad y el amor me seguirán todos los días de mi vida". Permita que las semillas de su amor eterno se planten en su mente y en su corazón. Jesús dijo: "Así como el Padre me ha amado a mí, también yo los he amado a ustedes. Permanezcan en mi amor".[6] Un gran gozo y una paz inmensa son el resultado de permanecer conscientes y seguros de su amor. Reflexione en él. Habite en él. Viva la vida con la confianza y la seguridad constantes de que Dios ofrece generosamente su amor eterno a sus hijos, a aquellos que creen en Cristo.

❦

Jesús nos recordó que Él es la vid y nosotros los pámpanos. Si permanecemos en Él, y Él permanece en nosotros, llevaremos mucho fruto. Permanecer en Él significa habitar o morar en Él. Añadió que sin Él nada podemos hacer.

La animo para que se acerque a Dios y permita que su Palabra llene su mente y su corazón. A medida que conocemos su Palabra, podemos reconocer su voz más claramente. También podemos orar para que Él nos haga estar alertas y reconocer la voz de desaliento y desesperación del enemigo. Llene el jardín de su mente con las semillas confiables de la Palabra de Dios y, con toda seguridad, tendrá una cosecha de frutos hermosos e imperecederos.

No cuidamos solos de nuestro jardín. Jesús no solo se identificó a sí mismo como la vid verdadera, sino que dijo que Dios, nuestro Padre, es el labrador. Mientras permanecemos en Cristo, habrá ocasiones en las que el Padre, gentil y amorosamente, podará algunas ramas para ayudarnos a crecer y a ser aún más fructíferos. La poda es necesaria para que la vid se haga más fuerte y saludable como planta. Confiemos en las manos de nuestro buen jardinero, Él sabe lo que es mejor para nosotros. Incluso cuando caminamos a través de dificultades, su amor nunca falla. Continúe habitando en su soberanía y fidelidad tanto en los buenos como en los malos tiempos. No permita que la voz de la duda comience a crecer en su mente. Por el contrario, escuche la voz de la verdad, que dice: "¡Fíjense qué gran amor nos ha dado el Padre, que se nos llame hijos de Dios! ¡Y lo somos!".[7]

Estrategia de vida positiva

Verdad poderosa
Tenemos la posibilidad de elegir las voces que escuchamos en nuestras mentes. Cultive la voz de la verdad y permita que crezca.

Plan de acción
1. Reconozca las voces desalentadoras y llenas de duda.
2. Desarraigue las voces negativas llegando a la raíz del asunto.
3. Reemplace las voces negativas con la verdad de Dios.

Entre en acción
Regale hoy a alguien un ramo de flores imaginario mediante palabras sinceras de fortaleza y ánimo. Piense en alguien que conozca que necesite que le recuerden el amor de Dios. Escríbale una nota o un correo electrónico e incluya muchos versículos de las Escrituras, dándole las buenas semillas de verdad para que las planten en su propio jardín mental.

Le recomiendo Salmos 23, Salmos 103 y Romanos 8:31-39.

Escríbalo en su corazón

No se amolden al mundo actual, sino sean transformados mediante la renovación de su mente. Así podrán comprobar cuál es la voluntad de Dios, buena, agradable y perfecta.

ROMANOS 12:2

Preguntas para el debate

- ¿Cuáles son algunas de las malas hierbas que las mujeres tienden a permitir que crezcan en sus mentes?

- ¿Cuáles son algunas formas prácticas en las que podemos reemplazarlas con semillas de belleza y verdad?

Capítulo dos
Busque las oportunidades

*Las grandes oportunidades llegan a todos,
pero muchos no se dan cuenta de que están ante ellas. La
única preparación para aprovecharlas es simplemente fidelidad para ver lo que cada día nos trae.*

Albert E. Dunning

Para Dios no hay nada imposible

Lucas 1:37

Parece algo irónico que una mujer ciega indicara a las personas la dirección correcta, ayudándoles a encontrar claridad y visión para sus vidas. Helen Keller no permitió que los desafíos que tuvo que enfrentar le impidieran ver las posibilidades en su propia vida. Nació en 1880 y se quedó ciega y sorda a los 19 meses de edad, debido a una enfermedad. No obstante, fue la primera mujer ciega y sorda que obtuvo un título de Licenciada en Letras y escribió una docena de libros y muchos otros artículos. En su libro *We Bereaved* escribió: "Cuando una puerta de felicidad se cierra, otra se abre; pero a menudo miramos tanto a la puerta cerrada que no vemos la que se ha abierto para nosotros".

¿Adónde está mirando? ¿Ha permitido que sus ojos agranden las frustraciones que están justo delante de usted, haciéndolas parecer más grandes que la propia vida? ¿O está mirando el cuadro más grande y amplio, el cuadro que incluye posibilidades y esperanza? Siempre hay posibilidades a la vuelta de la esquina, pero necesitamos buscarlas y no quedarnos con la mirada en lo que no tenemos. Me gusta decir que la "B" en Plan B significa bello. Con frecuencia pensamos que nuestro Plan A era el plan perfecto y que el Plan B es de segunda categoría.

¿Alguna vez ha pensado que nuestro Plan B es en realidad el Plan A de Dios y que Él puede hacer una gran obra a pesar de nuestras decepciones e incluso de nuestros errores?

Puede ser difícil concebir en su mente que alguna cosa buena pueda surgir de las heridas, del dolor y de la pérdida, ya sea un asunto físico, financiero o un problema familiar en su vida. Tenemos que ser honestos y expresar nuestra tristeza por las cosas difíciles que la vida trae. No debemos ignorar la decepción y el dolor en nuestro corazón, pero tampoco debemos cerrar los ojos de nuestra mente a la redención que Dios puede traer en las situaciones más duras. Puede que se necesite tiempo y perseverancia. El Plan B puede ser difícil, pero eso no significa que sea imposible. Tal vez la "B" en Plan B significa "Be patient" (Sea paciente). Permítale a Dios hacer su trabajo a su manera y no se desespere porque siempre hay esperanza.

En el pozo

Cuando estamos en el pozo, es difícil ver otra cosa que no sea el pozo. ¿Alguna vez se ha dado cuenta de que hay muchos ejemplos en la Biblia en los que las personas estaban, literalmente, en pozos? Piense en esto. Sus hermanos lanzaron a José a un pozo y, al poco tiempo, lo vendieron como esclavo. Ese definitivamente no era el Plan A que José tenía para su vida. Y tenemos la historia poco conocida de Benaías, quien terminó en un pozo con un león. ¡Cosa seria! La Biblia nos dice que era un guerrero valiente y que llevó a cabo grandiosas hazañas. El profeta Samuel dijo que Benaías "derrotó a dos de los mejores hombres de Moab, y en otra ocasión, cuando estaba nevando, se metió en una cisterna y mató un león".[1] Eso, probablemente, no estaba en la lista de cosas que tenía para hacer aquel día.

David describió a Dios como aquel que "rescata del hoyo

tu vida".[2] Ahora bien, tal vez usted se siente como si hubiera pasado su vida o su día en el pozo y no puede ver ni un atisbo de esperanza o redención, ni tampoco una salida. Supongo que así se sintió Jeremías cuando estaba en el pozo. Jeremías fue uno de los profetas de Dios a quien lanzaron en un pozo como resultado de simplemente proclamar lo que Dios le había dicho que dijera. ¡Eso no parece justo! Allí estaba, obedeciendo a Dios, y lo lanzaron a un pozo. Observe cuán mal tiene que haberse sentido este profeta del Antiguo Testamento: "Ando errante y afligido, me embargan la hiel y la amargura. Siempre tengo esto presente, y por eso me deprimo".[3]

Pero Jeremías no se rindió. Fue capaz de mantener sus ojos en el Señor a pesar de las circunstancias. Esto es lo que dijo después de describir su situación:

> Pero algo más me viene a la memoria, lo cual me llena de esperanza: El gran amor del Señor nunca se acaba, y su compasión jamás se agota. Cada mañana se renuevan sus bondades; ¡muy grande es su fidelidad! Por tanto, digo: "El Señor es todo lo que tengo. ¡En Él esperaré!". Bueno es el Señor con quienes en él confían, con todos los que lo buscan.[4]

¡Esa es una persona que tiene su mirada en una dirección positiva! No está mirando las circunstancias deprimentes en el pozo, en vez de ello está mirando la fidelidad del Señor. Su vista va más allá de lo que puede ver y está confiando en la esperanza de lo que puede hacer un Dios fiel. ¿Cómo está su vista? En uno de sus momentos más difíciles, David declaró: "Radiantes están los que a él acuden; jamás su rostro se cubre de vergüenza".[5] ¡Oh, quien tuviera la fe para mirar más allá de las nubes negras de la desesperación y ver la luz de la fidelidad de Dios que brilla para traernos consuelo y esperanza!

Risa en vez de reflexión

Mientras consideramos otro ejemplo ligeramente imperfecto de la Biblia, Sara, podemos darnos cuenta enseguida de por qué su esperanza había disminuido un poco. El Señor le había prometido un hijo, pero tenía 90 años y su esposo, 100. Hmm... Realmente no puedo culparla por titubear un poco en su fe. Para ser honesta, he tenido menos fe que esa cuando estoy simplemente orando para que Dios me renueve la fuerza luego de un día de intenso trabajo.

Para describir el escenario, diremos que Dios anteriormente le había prometido a Abraham (el esposo de Sara) que de él nacería una gran nación, pero el único problema era que, para ese momento, Abraham y Sara ya estaban muy viejos y no tenían hijos. De modo que Sara dedujo que tenía que ayudar a Dios y encontrar su propia solución. Entregó a su sirvienta Agar a Abraham para que tuviera descendencia de ella. Realmente no fue una buena idea. Tan solo digamos que no funcionó tan bien en la dinámica de la familia y que fue un motivo de conflicto en vez de una solución.

Pero Dios tenía un plan diferente, un buen plan, el Plan A. La Biblia nos cuenta que vino y visitó a Abraham una vez más y le dijo que Sara tendría un hijo. Esta es la historia que se encuentra en Génesis:

> Entonces ellos le preguntaron:
> —¿Dónde está Sara, tu esposa?
> —Allí en la carpa —les respondió.
> —Dentro de un año volveré a verte —dijo uno de ellos—, y para entonces tu esposa Sara tendrá un hijo.

Sara estaba escuchando a la entrada de la carpa, a espaldas del que hablaba. Abraham y Sara eran ya bastante ancianos, y Sara ya había dejado de menstruar. Por eso, Sara se rió y pensó: "¿Acaso voy a tener este placer, ahora que ya estoy consumida y mi esposo es tan viejo?" Pero el Señor le dijo a Abraham:

—¿Por qué se ríe Sara? ¿No cree que podrá tener un hijo en su vejez? ¿Acaso hay algo imposible para el Señor? El año que viene volveré a visitarte en esta fecha, y para entonces Sara habrá tenido un hijo.

Sara, por su parte, tuvo miedo y mintió al decirle:

—Yo no me estaba riendo.

Pero el Señor le replicó:

—Sí te reíste.[6]

¿No le parece gracioso? ¡Solo imagínese discutiendo con el Señor! "Yo no me estaba riendo". "Sí te reíste". Esta historia me hace sonreír cada vez que la leo, pero solo porque me puedo imaginar a mí misma haciendo exactamente lo mismo. ¿No es cierto que el amor misericordioso de Dios es muy hermoso? ¿Prestó atención a las palabras "¿Acaso hay algo imposible para el Señor?"? A pesar de sus dudas, Dios le dio a Sara un hijo maravilloso llamado Isaac, de cuya línea genealógica nacería, luego de muchos años, Jesús.

Así como Sara, a menudo tengo mis ojos en las circunstancias y los quito del poder de Dios. Olvido con tanta facilidad que Él puede hacer cualquier cosa que quiera. Si es capaz de refrescar un útero estéril, del mismo modo puede restaurar las piezas rotas en mi vida. Puede que no sea de la forma o del modo en que yo creo que sucederá, pero yo —nosotras— nunca debemos perder de vista el hecho de que no hay nada demasiado difícil para Dios. Que siempre estemos claramente enfocadas en el Dios que puede hacer las cosas mucho más abundantemente de lo que pedimos o entendemos.

Como creyentes en Cristo, puede que no veamos ahora el resultado perfecto o la belleza del Plan B, pero siempre podemos confiar en la fidelidad y en el poder de Dios. Incluso si todo no sale como habíamos soñado o deseado, incluso si parece que nunca veremos un hermoso lazo que amarra todas las dificultades de nuestra vida en un lindo paquete, sabemos que eso no es todo lo que hay. En última instancia, la esperanza más grande en la vida no está en este mundo, más bien está en la vida que viviremos durante la eternidad con Cristo. Las brillantes esperanzas para el mañana apuntan básicamente a esa esperanza, nuestra esperanza eterna donde las posibilidades son ilimitadas.

Anímese, amiga. Su situación o su matrimonio o su empleo o su hijo podrían parecerle desalentadores. ¡Mire hacia arriba! Quite su enfoque del pozo en el que está y ponga su esperanza en un Dios fiel, que la ama y está al tanto de cada detalle de su vida. No hay nada demasiado difícil para Él.

Es verdad, tenemos que ser realistas y entristecernos por las heridas o la decepción o la pérdida del viejo sueño que teníamos de lo que debía ser la vida. Sin embargo, mientras lloramos la pérdida de ese viejo sueño, volvamos los ojos a las posibilidades que tenemos enfrente. Que Dios renueve nuestra fuerza, refresque nuestra esperanza y dirija nuestros pasos mientras mantenemos nuestros ojos fijos en Él. Dios es fiel y todopoderoso.

Posibilidades en medio del desaliento

El hecho de que uno trate de vender su casa tres veces y nadie haga una oferta puede ser un poco desalentador. Jennifer y Steve estaban a punto de desistir de la idea de mudarse de su barrio, que se había vuelto paulatinamente peligroso porque la mayoría de las casas estaban en mal estado. Por si fuera poco, de repente habían despedido a Steve de su empleo, el que había pensado que tendría para siempre. Con una familia de cuatro personas para alimentar, salió enseguida a buscar trabajo y, por la gracia de Dios, pudo encontrar un puesto en un pueblo cercano inmediatamente.

Había solo un problema; la familia tendría que mudarse. Debido al hecho de que habían tratado de vender su casa en numerosas ocasiones anteriormente sin éxito alguno, las posibilidades parecían más bien desalentadoras. Pero con Dios todas las cosas son posibles. Empezaron a orar para que, si Dios quería que Steve aceptara el empleo, entonces trajera a un comprador para la casa. Pusieron el asunto en sus manos, conscientes de que vender su casa sería un milagro, después de tantos intentos fallidos. Bueno, el plan de Dios tiene que haber sido que se mudaran porque, luego de una semana de haber puesto la casa en el mercado, tuvieron tres ofertas. ¡Tres! A veces Dios nos permite entrar en el lugar de desolación de modo que podamos ver su poder en acción.

Me viene a la mente un incidente en la vida de Jesús. Cuando Lázaro, el hermano de Marta y María, estaba muy enfermo, Jesús no llegó inmediatamente para ayudar. No, esperó y permitió que Lázaro muriera, para que el poder de Dios se pudiera revelar. No pensemos que, porque nosotras estamos en espera, Dios no está trabajando. Él tiene un plan. Y a veces, nuestras oraciones aparentemente sin respuesta son un tiempo de espera, para que podamos ver más claramente su mano poderosa obrando. Confíe en Él incluso cuando no vea las posibilidades. Confíe en Él incluso cuando está esperando y orando. Su plan es mejor y más grande. Él es capaz de hacer mucho más de lo que podemos pedir o imaginar.

❦

¿Dónde está su enfoque? ¿Está en sus frustraciones, o en la fidelidad de Dios? Levantemos los ojos y fijemos la mirada en Aquel que es capaz de traer vida y esperanza a lugares que parecen oscuros y sin vida.

Fijemos nuestros ojos en las posibilidades, buscando la dirección de Dios y no nuestros propios planes absurdos. ¡Cuán maravilloso es ver su Plan A desplegarse delante de nuestros ojos cuando estamos enfocados en Él!

Estrategia de vida positiva

Verdad poderosa

En cada reto que enfrentamos, también hay posibilidades a la espera de ser descubiertas.

Plan de acción

1. Llore la pérdida del plan que usted pensaba que era perfecto.
2. Pídale a Dios que le abra los ojos para que vea lo que Él puede hacer.
3. Espere con paciencia.
4. Confíe en su fidelidad.
5. Mantenga sus ojos en el Pastor y pídale que la guíe.
6. Avance bajo su dirección.

Entre en acción

¿Conoce a algunas personas que estén en un pozo y que aparentemente no ven ninguna posibilidad? Entre al pozo con ellas y déjeles saber que está a su disposición.

Permítales llorar o entristecerse si necesitan hacerlo y ofrézcase para orar por ellas. Piensen juntas en varias ideas y ayúdeles a enfocarse en las posibilidades. Anímelas con la verdad de que nada es demasiado difícil para Dios. Ayúdeles a pensar en los siguientes pasos y comparta con ellas la esperanza que se produce al confiar en su amor y fidelidad.

Escríbalo en su corazón

¿Acaso hay algo imposible para el Señor?

Preguntas para el debate

- ¿Por qué nuestro enfoque marca tanta diferencia en nuestra actitud hacia las circunstancias?

- Describa una época en su vida en la que las cosas parecían estar en su contra. ¿Cómo encontró esperanza?

Capítulo tres
Evite las comparaciones

*La prosperidad de aquellos a los que
deseamos el bien nunca podrá dañarnos;
Y la mente que está decidida a hacer bien a otros
nunca podrá desear el mal a nadie.*

Matthew Henry

*Corramos con perseverancia la carrera que tenemos
por delante. Fijemos la mirada en Jesús, el ini-
ciador y perfeccionador de nuestra fe.*

Hebreos 12:1-2

Si alguna vez ha mirado alguno de los eventos de atletismo de los Juegos Olímpicos, sabe que una fracción de segundo puede marca toda la diferencia, especialmente en las carreras de velocidad. Si una competidora de la carrera de cien metros planos dedica siquiera medio segundo para mirar a las corredoras que la rodean, habrá perdido la carrera.

En la vida, así como en las carreras, tenemos que aprender a mantener la mirada fija en nuestra propia carrera y no distraernos comparándonos con otras. Es más fácil decirlo que hacerlo, ¿verdad? Como mujeres es muy fácil tener la tendencia a compararnos con otras mujeres que nos rodean. A menudo sucede en el mismo instante en que nos encontramos con otras en algún lugar. ¿Soy tan delgada como ella? ¿Luzco bien en este lugar? ¿Por qué mi cabello no luce tan bonito como el de ella? Desearía tener su cutis.

Esta es una trampa en la que todas podemos caer fácilmente

y, en el proceso, nos sentimos gradualmente insatisfechas con lo que somos y con lo que Dios ha planeado para nosotras. Tendemos a perder de vista nuestro propósito en la vida. Tal vez es por eso que el apóstol Pablo, con su poderosa vida llena de propósito, pudo decir: "Sigo avanzando hacia la meta para ganar el premio que Dios ofrece mediante su llamamiento celestial en Cristo Jesús".[1] Así como una corredora mantiene sus ojos fijos en la meta o en la línea de llegada, de esa misma forma necesitamos mantener nuestros ojos fijos en el propósito que Dios nos ha dado a nosotras y no permitir que la envidia, los celos o las comparaciones nos distraigan. La verdadera madurez es cuando podemos mirar con alegría cómo Dios está bendiciendo a otros y estar sinceramente agradecidas por la forma en que nos usa a cada una de nosotras en diversas formas y estilos.

Usted es única. Dios la hizo con dones y talentos únicos y con un propósito especial en este mundo. Cuando mantenemos nuestros ojos fijos en el hecho de que Dios está obrando en y a través de nosotras para cumplir aquello para lo cual nos puso en este mundo, comenzamos a sentir una confianza gozosa. Podemos regocijarnos en la tarea que tenemos en el gran cuadro de la vida. Por otra parte, cuando comenzamos a mirar al resto de las personas y comenzamos a compararnos con otras, podemos sentirnos ya orgullosas o celosas. Las comparaciones tienden a robarnos nuestra fortaleza, distraernos de nuestro propósito y desviarnos de nuestras metas.

Comparaciones familiares

Tal vez esté familiarizada con la historia de dos hermanas, Raquel y Lea, en la Biblia. Raquel era muy hermosa en su forma y apariencia, nos dice la Biblia, pero Lea, bueno...la

Biblia simplemente nos dice que tenía ojos apagados. La palabra hebrea para débil, apagado, significa "tierno, suave, atemorizado, o amable". No significa necesariamente que Lea fuera fea, pero sí sabemos que Raquel le pareció atractiva a Jacob y cautivó su corazón.

La Escritura dice que Jacob amaba a Raquel y quería casarse con ella. Labán, el padre de Raquel, le había prometido a Jacob que se la daría en matrimonio, pero lo engañó y le entregó primero a Lea. Una semana después, Jacob se casó también con Raquel. Ahora Jacob tenía dos esposas, una a la que amaba y una a la que no amaba. Lea fue la primera en tener hijos. Dios le permitió tener un bebé varón tras otro, lo que era algo bueno porque le permitía ganar prominencia en la familia a pesar de que era la esposa "que no era amada".

Este es un recuento de los nombres que Lea dio a sus hijos. Lea cada explicación que ofrece mientras revela su corazón dolido como resultado de compararse a sí misma con su hermana:

> Lea quedó embarazada y dio a luz un hijo, al que llamó Rubén, porque dijo: "El Señor ha visto mi aflicción; ahora sí me amará mi esposo". Lea volvió a quedar embarazada y dio a luz otro hijo, al que llamó Simeón, porque dijo: "Llegó a oídos del Señor que no soy amada, y por eso me dio también este hijo".
>
> Luego quedó embarazada de nuevo y dio a luz un tercer hijo, al que llamó Leví, porque dijo: "Ahora sí me amará mi esposo, porque le he dado tres hijos".
>
> Lea volvió a quedar embarazada, y dio a luz un cuarto hijo, al que llamó Judá porque dijo: "Esta vez alabaré al Señor". Después de esto, dejó de dar a luz.[2]

Por otra parte Raquel, a pesar de que gozaba de las atenciones y del amor de su esposo, comenzó a compararse con Lea. Se volvió celosa, enojada y exigente. Esta fue la forma tan amorosa y respetuosa en la que trató el asunto con su esposo:

> Cuando Raquel se dio cuenta de que no le podía dar hijos a Jacob, tuvo envidia de su hermana y le dijo a Jacob: "¡Dame hijos! Si no me los das, ¡me muero!".
> Pero Jacob se enojó muchísimo con ella y le dijo: "¿Acaso crees que soy Dios? ¡Es él quien te ha hecho estéril!³

Bueno, parece que no tuvo mucho amor ni respeto cuando le exigió un hijo a Jacob. En vez de volver sus ojos al Señor, comenzó a hacer demandas a su esposo. No puedo juzgarla. Soy tan culpable como ella de tratar de obligar a las personas a satisfacer mis necesidades en vez de buscar primero a Dios para que me ayude. Es interesante, pero cuando vuelvo los ojos primero a Dios, las cosas parecen adquirir una hermosa perspectiva. Cuando me consumen la envidia o las comparaciones, mi vista se acorta. ¿Y la suya?

El número de hijos de las dos hermanas estaba ligeramente desbalanceado. Lea tenía siete (seis varones y una mujer) y Raquel tenía cero. Por otra parte, Raquel era amada y Lea no. Cada hermana quería lo que la otra hermana tenía. Ambas hermanas tenía bendiciones en sus vidas, pero estaban enfocadas en lo que no tenían. La Biblia nos dice que, con el tiempo, Dios escuchó a Raquel y abrió su matriz. Tuvo un hijo y dijo: "Dios ha borrado mi desgracia". Lo llamó José, y dijo: "Quiera el Señor darme otro hijo". ¿Puede advertir en ese deseo la idea de que todavía está enfrascada en una competencia con su hermana? Pobre José. Ni siquiera implicó que estaba emocionada o satisfecha con él. Estaba más preocupada con la idea de tener otros hijos y de alcanzar a su hermana. En vez de regocijarse con lo que había recibido, su mente estaba enfocada en obtener más, más, MÁS.

¡Ay, la fealdad de la envidia!

Su propósito divino

¿Puede culpar a Lea y a Raquel por la disputa familiar? Sé que, superficialmente, parece justificable que hubiera rivalidades entre ellas. Pero Dios no nos creó para vivir en la oscura cueva de las comparaciones, del enojo, de los celos, de la envidia y de la inconformidad. No, cada una de nosotras fue creada con un propósito divino. Nos ha dado una tarea única que solo nosotras podemos llevar a cabo. Agustín escribió: "Nos has creado para ti, y nuestros corazones andarán inquietos hasta que encuentren descanso en ti". Con frecuencia nos inquietamos con las comparaciones y rivalidades cuando perdemos de vista el hecho de que Dios tiene un hermoso plan que quiere llevar a cabo en nuestras vidas y no en las vidas de otra persona. Su plan único incluye tanto retos como victorias.

Mire a Lea, por ejemplo. Tristemente, Jacob no la amaba tanto como amaba a Raquel, pero Dios le dio dones diferentes. Le permitió tener muchos hijos, lo que elevó su estatus dentro de la familia. Dios la cuidó y la honró, a pesar del dolor y el quebranto que experimentó. Después de que su sexto hijo nació, Lea dijo: "Dios me ha favorecido con un buen regalo". Ahora bien, si se hubiera detenido allí, hubiera parecido que estaba conforme con lo que Dios le había dado. Sin embargo, continuó diciendo: "Esta vez mi esposo se quedará conmigo, porque le he dado seis hijos". ¡Todavía quería lo que no tenía! Continuaba anhelando la atención de su esposo.

Para ser honesta, ¿acaso toda esposa no tiene un profundo deseo de tener la atención de su esposo? Podemos identificarnos con su dolor. Tristemente, muchas mujeres a lo largo de los siglos e incluso hoy viven en hogares donde no se sienten amadas o valoradas. Tal vez es así como usted se siente en este momento de su vida. Me pregunto cómo habría sido la vida de Lea si hubiera quitado los ojos de su esposo y los hubiera puesto en el Señor. Mi amiga, miremos al Señor para que satisfaga los anhelos de nuestros corazones. Su amor puede satisfacernos de una manera en que no lo puede hacer el amor humano. No existe un amor humano perfecto, pero el amor de Dios es fiel y completo.

Charles Spurgeon afirmó: "La cura para la envidia radica en vivir bajo un sentido constante de la presencia divina, adorando a Dios y teniendo comunión con Él durante todo el día, sin importa cuán largo pueda parecer el día".[4] Adoremos a Dios en medio de nuestros quebrantos y anhelos y veámoslo obrar de forma misteriosa y gloriosa.

A veces tenemos que esperar el tiempo de Dios. Raquel tuvo que ver cómo su hermana daba a luz a siete hijos antes de tener uno propio. Esperar es difícil, pero Dios puede enseñarnos y prepararnos mientras esperamos. Sin embargo, cuando estamos en la sala de espera es que las comparaciones pueden atraparnos, derribarnos y desalentarnos. Es duro cuando vemos a todas las demás casarse o tener hijos u obtener ascensos en el trabajo. Esperar en el Señor requiere una confianza constante en el hecho de que Dios no ha dejado de trabajar, que su plan es bueno y que su tiempo es mejor que el de nosotros.

Puede que enfrentemos algunos momentos difíciles. Puede que nuestra vida no parezca tan perfecta como la de otras personas, pero ¿somos capaces de regocijarnos en lo que Dios nos ha dado? Ambas, Raquel y Lea, había recibido buenos regalos pero, en vez de regocijarse en el Señor, vivían bajo el peso de las comparaciones. Cuando Pablo animó a los creyentes a "regocijarse siempre en el Señor", no nos dijo que nos regocijáramos en las circunstancias. Nos dijo que volviéramos nuestro enfoque al Señor, porque siempre podremos regocijarnos en Él. Piense en una mujer que se esté regocijando en el poder y en la sabiduría del Señor, dándole gracias por todo lo que es capaz de hacer y alabándolo por su bondad para ella. Competir con otras no puede formar parte de la vida de esa mujer. Tiene sus ojos puestos en el buen plan del Señor y no en lo Él que está haciendo en las vidas de otros.

La única ocasión en la que debemos mirar a otros es cuando los miramos para compadecernos, no para compararnos. La compasión dice: "Te amo y quiero ayudarte. Me identifico contigo". La comparación dice: "Estoy pensando en mí misma y quiero ser mejor que tú". Llenémonos de compasión, no de comparación.

En Romanos leemos: "Alégrense con los que están alegres; lloren con los que lloran".[5] Cuando a otras personas les sucede algo bueno, debemos regocijarnos con ellas y estar alegres por lo que Dios está haciendo a medida que lleva a cabo el plan único que ha diseñado para sus vidas. Piense acerca de lo que debió haber sucedido en la tienda de Jacob cuando Lea tuvo su primer hijo. Me pregunto si Raquel le hizo una fiesta para recibir al bebé o si llevó regalos para el recién nacido. No es probable. Dudo que siquiera le haya llevado comida o se haya ofrecido para cargar al bebé. No, pienso que a Raquel la consumió la envidia, envidia que continuó creciendo y creciendo a medida que la familia de Lea crecía.

Por más que quisiéramos que la vida fuera justa y que todos tuvieran lo que quisieran cuando lo quisieran, esa no es la forma en que opera la vida y tampoco es la forma en que Dios trata con nosotros. Pertenezco a un hermoso grupo llamado Christian Women in Media (Mujeres cristianas en los medios de comunicación, CWIMA, por sus siglas en inglés) y, aunque está lleno de mujeres que constituyen pilares en todas las clases de medios de comunicación, hay un hermoso espíritu dentro de este grupo. Hay un sentido de edificarnos unas a las otras en vez de competir entre nosotras. Con sinceridad nos elevamos y animamos unas a otras y creo que esto es un resultado del amor por el Señor que todas compartimos en el grupo. Sería fácil compararse con el éxito de otras mujeres y comenzar a sentirnos fracasadas, pero cuando nuestros ojos están en el plan de Dios podemos regocijarnos en la forma en que Él nos usa a cada una.

Usted tiene dones, habilidades y talentos únicos para ofrecer a este mundo. Dios la ha equipado con un plan diseñado a la medida, para que lo lleve a cabo en su vida. Regocijémonos en lo que Dios ha diseñado para cada una de nuestras vidas porque, en última instancia, nuestra vida encaja en su plan divino para este mundo. Podemos alegrarnos con lo que está haciendo en la vida de otras mujeres porque sabemos que hay un cuadro más grande. Siempre que sienta esa tentación de compararse con otras y comenzar a sentirse desanimada o temerosa, vuelva sus ojos al Dios que todo lo ve y todo lo sabe. Él tiene un hermoso diseño justo para usted. Espere pacientemente en Él. Su historia no ha terminado.

Estrategia de vida positiva

Verdad positiva
Dios tiene un plan único para cada una de nosotras que cumple al usar los dones y talentos que nos ha dado.

Plan de acción
1. Cuide su mente de compararse con otras personas elevando su enfoque.
2. Pídale a Dios su ayuda y dirección a medida que usa sus dones y talentos únicos.
3. Abra sus ojos a las bendiciones que Dios le ha dado ahora mismo.
4. Agradézcale por el plan único que tiene para su vida cada día.
5. Regocíjese por quién es el Señor y por la obra que está haciendo en usted, así como en otros.
6. Alégrese con otros por las cosas únicas que están sucediendo en sus vidas.

Entre en acción
Celebre el éxito de otras personas y hágales saber que se alegra por ellos. Escríbales una nota, tráigales flores o haga algo amable por ellos a medida que da gracias por el plan maravilloso y único que Dios tiene para sus vidas. Piense en alguien que recientemente haya experimentado una bendición en su vida, tal vez un logro, un reconocimiento o una promoción. Tal vez es alguien que se ha acabado de casar

o que acaba de tener un bebé. Puede incluso pensar en alguien que haya hecho encender una chispa de envidia en su mente. Decida alegrarse sinceramente por esa persona y honrarla por las cosas buenas que le han sucedido.

Escríbalo en su corazón
Sólo en Dios halla descanso mi alma; de él viene mi esperanza.

Salmo 62:5

Preguntas para el debate

- ¿Por qué piensa que las mujeres sienten la tentación de compararse unas con otras?

- ¿Cuáles son algunas formas en las que podemos mantener activamente nuestros ojos en el plan que Dios tiene para nosotras?

Capítulo cuatro
Dedíquese a animar, no a desanimar

Me pregunto por qué no somos amables unos con otros…
¡Cuánto lo necesita el mundo!
¡Qué fácil es serlo!

Henry Drummond

Eviten toda conversación obscena. Por el contrario,
que sus palabras contribuyan a la necesaria edifica-
ción y sean de bendición para quienes escuchan.

Efesios 4:29

Paula estaba entusiasmada con su nueva oportunidad de ir como voluntaria al Refugio de Mujeres del Centro y estaba ansiosa por compartir su pasión con sus amigas durante el almuerzo. Su amiga Debbie fue la primera en hablar. "¿Qué rayos estás pensando? ¿Por qué dedicarías diez horas por semana a eso cuando pudieras hacer algo más cerca de la casa?" Bridget también comentó. "Sí, ¿por qué simplemente no donas algunas ropas viejas o regalas algunas latas de comida en vez de extenuarte con tanto trabajo? ¡Ya estás haciendo demasiado!" Luego Nancy añadió en un tono agudo: "¿Acaso no sabes lo peligrosa que es esa parte del pueblo? ¿Por qué te arriesgarías a ir allí cuando hay tantas cosas divertidas que hacer en esta parte de la ciudad?".

No es necesario decir que el optimismo de Paula se desinfló muy pronto y lo mismo sucedió con su pasión por ayudar a los desamparados. Aunque había planificado cuidadosamente y había orado acerca de cómo dedicar su tiempo y talentos a algo más significativo que simplemente ir a reuniones sociales en el salón de fiestas del pueblo, ahora estaba reconsiderando sus ideas como resultado de los frívolos comentarios de sus amigas. Empezó a cuestionarse su propio sentido común...pero tal vez debió haberse cuestionado su criterio a la hora de escoger a sus amigas.

⊱⊰

Es asombroso cuánto poder e influencia pueden tener las palabras de otras personas sobre nuestros corazones. Ciertamente, la crítica constructiva es conveniente y puede ser una herramienta vital a la hora de tomar una decisión o valorar una idea nueva. Por otra parte, un constante espíritu de crítica puede secar sueños, aplastar la creatividad e impedir el crecimiento y el progreso. Nuestras palabras son poderosas y pueden usarse para hacer bien o para destruir. Las palabras alentadoras pueden ejercer una gran influencia para lograr que alguien se mueva en una dirección positiva y darle la fortaleza para enfrentar el camino difícil que tiene delante. ¿Qué clase de mujer es usted? ¿Es una mujer que se dedica a animar o a desanimar?

Tenga cuidado con lo que dice

Encontramos una historia en el libro de Números, en el Antiguo Testamento, que nos da una saludable advertencia acerca de lo que permitimos que salga de nuestras bocas. Moisés era el líder que Dios había elegido para que guiara a los israelitas fuera de la cautividad y hacia la Tierra Prometida pero, a lo largo del camino, hubo algunos que se dedicaron a desanimar. Tristemente, dos de esas personas eran el propio hermano y la propia hermana de Moisés. Decidieron enfocarse en una debilidad evidente en la vida de su hermano: su esposa extranjera. En última instancia, lo que en realidad estaban cuestionando era su autoridad, y eso posiblemente se debía al celo o la envidia que albergaban en sus corazones debido a la posición de liderazgo de su hermano. Esta es la manera en que se desarrolla el relato:

> Moisés había tomado por esposa a una egipcia, así que Miriam y Aarón empezaron a murmurar contra él por causa de ella. Decían: "¿Acaso no ha hablado el SEÑOR con otro que no sea Moisés? ¿No nos ha hablado también a nosotros?" Y el Señor oyó sus murmuraciones. A propósito, Moisés era muy humilde, más humilde que cualquier otro sobre la tierra.[1]

Creo que es importante destacar las palabras: "Y el Señor oyó sus murmuraciones". A menudo no pensamos en el hecho de que Dios escucha lo que decimos y está muy consciente de las fealdades que salen de nuestra boca. Salomón dijo que el principio de la sabiduría es el temor a Dios. Es atemorizante y condenatorio pensar que el Dios de amor y el Creador de todas las cosas escucha mi crítica desagradable o mis comentarios rudos. Una forma de mantener nuestra forma de hablar pura es pedirle al Señor que guarde nuestras bocas y recordar que Él es el Dios que todo lo ve y que escucha lo que sale de nuestras bocas. Regresemos ahora a la historia:

> De pronto el Señor les dijo a Moisés, Aarón y Miriam: "Salgan los tres de la Tienda de reunión". Y los tres salieron. Entonces el Señor descendió en una columna de nube y se detuvo a la entrada de la Tienda. Llamó a Aarón y a Miriam, y cuando ambos

se acercaron, el Señor les dijo: "Escuchen lo que voy
a decirles:

Cuando un profeta del Señor
se levanta entre ustedes,
yo le hablo en visiones
y me revelo a él en sueños.
Pero esto no ocurre así
con mi siervo Moisés,
porque en toda mi casa
él es mi hombre de confianza.
Con él hablo cara a cara,
claramente y sin enigmas.
Él contempla la imagen del Señor.
¿Cómo se atreven a murmurar
contra mi siervo Moisés?".
Entonces la ira del Señor se encendió contra ellos,
y el Señor se marchó. Tan pronto como la nube
se apartó de la Tienda, a Miriam se le puso la piel
blanca como la nieve. Cuando Aarón se volvió hacia
ella, vio que tenía una enfermedad infecciosa.[2]

Dios decidió obrar de inmediato y de una forma dramática para lidiar con la crítica de Miriam. Me siento agradecida porque Dios no nos castiga a nosotros con un castigo
tan poderoso o todos estaríamos blancos con lepra o mucho
peor. Debido a que Miriam era una mujer con un liderazgo
y con influencia, estoy segura de que Dios quería cortar esa
negatividad de raíz y no permitir que continuara. El mensaje es claro: Dios no se complace en un espíritu crítico, especialmente contra aquel que Dios claramente ha puesto
en el lugar donde está, como líder de Israel. Dios incluso le

pregunta a Miriam por qué no tuvo miedo de criticarlo. Tal vez necesitamos hacernos esa misma pregunta: ¿por qué no tenemos miedo de ser negativas y de criticar a otros?

> Cuando Aarón se volvió hacia ella, vio que tenía una enfermedad infecciosa. Entonces le dijo a Moisés: "Te suplico, mi señor, que no nos tomes en cuenta este pecado que neciamente hemos cometido. No la dejes como un abortivo, que sale del vientre de su madre con el cuerpo medio deshecho". Moisés le rogó al Señor: "¡Oh Dios, te ruego que la sanes!"[3]

¿Acaso no es esto interesante? ¡Ahora Moisés está usando sus palabras para orar por su acusadora! Esto me recuerda las palabras de Jesús con respecto a que "amen a sus enemigos, hagan bien a quienes los odian, bendigan a quienes los maldicen, oren por quienes los maltratan".[4]

¡En caso de que pensemos que nuestras lenguas agudas son un asunto sin importancia delante de Dios, tendremos que pensarlo dos veces! Mientras meditaba en esta historia en mi corazón, pensé en las veces que he criticado a alguien en autoridad sin pensar en mis palabras, o tal vez a algún conocido o a alguien cercano. Esta historia me hace desear salir de esa trampa...y enseguida. Dios toma muy en serio la manera en que usamos nuestra boca. Salomón escribió: "La lengua que brinda consuelo es árbol de vida; la lengua insidiosa deprime el espíritu".[5] ¡Que no seamos nosotras las que deprimamos el espíritu de otros, sino que produzcamos vida con nuestra lengua!

¿Crítica constructiva o espíritu crítico?

Ciertamente, la crítica constructiva y el consejo sabio son importantes. No estoy diciendo que debemos ser esa clase de personas que siempre dicen que sí a todo, que siempre están de acuerdo con todos, acerca de todo, con una adulación falsa. Una verdadera alentadora no solo levanta el espíritu sino que también es honesta, sincera y concreta en sus comentarios. Usa sus palabras para ayudar a edificar y a guiar a otros en la dirección de su mejor interés. Una alentadora desea el bien de la otra persona y se enfoca en las posibilidades en vez de estar buscando y dando caza a aquello que podría estar mal para destruir la esperanza de esa persona. Una alentadora sabia pide discernimiento para encontrar las piedras angulares firmes que pueden ayudar a que alguien avance hacia su futuro, sin crear falsas esperanzas o expectativas irrealistas.

Usemos nuestras oportunidades para criticar con un sentido de prudencia juicioso. ¿Cómo puede saber que es el momento correcto para hablar sobre una preocupación o plantear una opinión diferente? La mejor forma de discernir si vale la pena exponer su crítica es preguntarse a sí misma: ¿Servirán mis comentarios esencialmente para mejorar a la otra persona y la situación? La crítica constructiva posee, en su esencia, el deseo de crear un cambio positivo, de edificar a otros en vez de destruirlos.

En conclusión, debemos considerar nuestra motivación antes de emitir nuestras valoraciones negativas o nuestros comentarios despectivos. Los celos, la envidia y la rivalidad son a menudo las feas motivaciones que se esconden tras un espíritu de crítica. La reina de las críticas puede dañar corazones, reputaciones y oportunidades cuando arroja su dañino veneno. Que Dios nos ayude a cada una de nosotras a examinar los profundos motivos que se encuentran en nuestros corazones y a sacar la viga de nuestro propio ojo antes de tratar de quitar la paja que está en el ojo ajeno.

La preocupación y los temores, y el enfocarse en los

resultados negativos, pueden transformarnos rápidamente en la Delia Desalentadora y la Nancy Negativa. Estas mujeres tienden a provocar la derrota en las vidas de otros antes de que el juego siquiera comience porque sienten que es su deber evitar que las personas cometan errores o atraviesen caminos difíciles. Pero, ¿cómo serían las cosas si dejáramos que las personas persiguieran sus sueños y cometieran algunos errores en el camino? ¿Acaso no aprenderían y crecerían en el proceso?

Que no seamos una voz desalentadora solo por tener miedo de lo que pueda suceder. Sí, hay un equilibrio delicado entre ayudar a alguien a ver los baches y hacer que se desanime y no siga sus sueños. No hay una respuesta perfecta para la situación. El consejo más importante que le puedo dar es que piense dos veces antes de señalar algo negativo. Me ha resultado útil hacer lo siguiente: antes de permitirme hacer un comentario negativo (con la intención de hacer que la otra persona vea los problemas, por supuesto), espero. Con frecuencia espero muchos días para ver si la situación se ha resuelto por sí sola. ¡Y la mayoría de las veces no necesito decir nada!

Criticar a las personas detrás de sus espaldas nunca es beneficioso y es una gran bandera roja que indica que nuestras motivaciones no son puras. La discreción y el discernimiento son los rasgos de una persona sabia que usa su habilidad para evaluar un individuo, una situación o una idea con una amonestación cautelosa. Por otra parte, la gotera continua de la condenación de un amigo o amiga que solo se dedica a criticar, genera un ambiente negativo, ya sea en la familia, en el vecindario o en el centro de trabajo.

Si tiene que hacer una crítica, siempre hágala con el espíritu de ayudar y fortalecer. Comience alabando lo que ve que es correcto en la persona o la situación y luego, con mucho cuidado, presente una perspectiva más amplia. Use palabras como: "¿Has pensado en esta vía?" o "¿Tal vez sería posible que...?" Tales frases ayudan al receptor a asimilar lo que usted le está diciendo sin sentirse ridiculizado o desanimado. Siempre que tenga que hacer una evaluación negativa, trate de ofrecer también alternativas positivas.

El domador de la lengua

Nunca es demasiado tarde para cambiar nuestros hábitos al hablar. En primer lugar, reconozca los comentarios desalentadores que tienden a salir de su boca y luego comience a guardar sus labios de hacer comentarios desdeñosos. Busque oportunidades para ofrecer una palabra de esperanza y ánimo sincera y buena. Piense que sus comentarios edificantes son como un vaso de agua fría a un alma sedienta, porque todas necesitamos una saludable dosis de aliento de vez en cuando. No se frustre con usted misma en la lucha por domar su lengua. De hecho, la Biblia dice que es imposible. Santiago escribió: "El ser humano sabe domar y, en efecto, ha domado toda clase de fieras, de aves, de reptiles y de bestias marinas; pero nadie puede domar la lengua. Es un mal irrefrenable, lleno de veneno mortal".[6] Tal vez usted está pensando que si la lengua es imposible de domar, entonces ¿para qué intentarlo? ¿De qué servirá?

Recuerde, mi amiga, ¡con Dios todas las cosas son posibles! Lo que parece imposible para nosotras es posible para Dios. Sabemos que Dios valora grandemente lo que sale de nuestras bocas, de modo que Él nos ayudará a domar esa inquieta criatura que se conoce como lengua. Todo comienza con el acto de pedir a Dios que limpie nuestros corazones, pues lo que sale de la boca usualmente fluye de lo que está en nuestro corazón. Nuestra oración debe parecerse a la de David, cuando escribió:

"Sean, pues, aceptables ante ti mis palabras y mis pensamientos, oh Señor, roca mía y redentor mío".[7] El Señor es el domador de nuestra lengua. Cuando buscamos a Dios para que nos limpie de adentro hacia afuera, Él es capaz de limpiar las motivaciones escondidas que tienden a convertirnos en personas que desanimamos en vez de animar a otros.

❧

El odio, la amargura, los celos, la envidia, el temor y las preocupaciones no son de Dios. El fruto del Espíritu en nosotros es amor, gozo, paz, paciencia, benignidad, bondad, fe, mansedumbre y templanza. Estas son las cualidades que nos hacen bellas como mujeres y que otorgan fortaleza a nuestras palabras. Las palabras amables y alentadoras cuestan tan poco pero, no obstante, están llenas de riquezas y tesoros de gran valor. Sea rica y generosa con las palabras de valor y enriquezca al mundo que la rodea.

=====Estrategia de vida positiva=====

Verdad poderosa
Podemos usar nuestras palabras para edificar y fortalecer a otros, pero también podemos usarlas para dañar y destruir.

Plan de acción
1. Examine la clase de comentarios que hace a otras personas. ¿Son alentadores o desalentadores?
2. Evalúe sus motivaciones antes de emitir una crítica de cualquier tipo.
3. Nunca critique a alguien detrás de sus espaldas.

4. Confiese diariamente sus palabras de crítica y pídale a Dios que le ayude a guardar su boca.
5. Busque activamente formas de edificar a otros con verdad y sinceridad.
6. Reconozca el poder de sus palabras y úselas para bien.

Entre en acción

¿A quién conoce que necesita una palabra de aliento? Tal vez es un líder, un maestro, un administrador, un político o un vecino. Piense en un miembro de su familia que puede estar necesitando una palabra amable y alentadora, comenzando con su cónyuge e hijos. Dedique tiempo para darles una palabra sincera de ánimo ya sea por teléfono, correo electrónico, mediante una nota escrita, o de alguna otra forma. Desarrolle el hábito de ir y animar a otra persona cada semana.

Escríbalo en su corazón

La lengua que brinda consuelo es árbol de vida; la lengua insidiosa deprime el espíritu.

PROVERBIOS 15:4

Preguntas para el debate

- ¿Por qué la lengua es tan difícil de domar?
- ¿Cómo ha encontrado un balance entre la crítica destructiva y la crítica constructiva?

Capítulo cinco
Enfrente sus temores

El valor enfrenta al temor y por eso lo domina.
La cobardía reprime al temor y por eso la domina.

Martin Luther King Jr.

Busqué al Señor, y él me respondió; me
libró de todos mis temores.

Salmo 34:4

Tristemente, yo era la principal fuente de entretenimiento en mi clase de francés en la secundaria. Era un rol que no pedí pero sucedió. Imagínese, al ser una chica de cabello rubio y de piel blanca, tenía una cara que se ponía lo más roja que jamás haya visto cuando tenía que hablar delante de los demás estudiantes. La clase de francés me dio muchas oportunidades para estar delante de la clase y recitar pasajes o dar una presentación. Los niños se reían de mí y me llamaban "Roja" mientras caminaba por el pasillo después de la clase. Puede imaginarse que era increíblemente doloroso para mí incluso el pensar en pararme delante de la clase y mucho menos tener que decir nada delante de mis compañeros.

¡Ahora, 40 años después, hablo delante de hombres y mujeres como parte de mi profesión, imagínese! ¿Cómo llegué hasta aquí... de ser esa niña temerosa que oraba para que Dios enviara una tormenta de nieve y así no tener que ir a clase (es una fe muy grande orar por una tormenta de nieve cuando se vive en Dallas, Texas) hasta hablar delante de grandes audiencias? Con el tiempo, fue la fe lo que me ayudó a enfrentarme a mis temores y comenzar a hablar en público. Comencé a cambiar mi enfoque y a pensar en el mensaje que Dios me había dado para que compartiera con el público, en vez de preocuparme por lo que él público pensara de mí. Cuando analizamos la lista de temores que las personas tienen comúnmente, el miedo a hablar en público es uno de los primeros de la lista.

Enfrentarse a una audiencia de personas es una cosa, pero arriesgar su vida al enfrentar la audiencia de un rey es otra cosa. Ese es el miedo que la reina Ester tuvo que enfrentar cuando se aproximó al rey (sin ser invitada) para salvar la vida de su pueblo.

Ester nos ofrece una imagen poderosa de una mujer que se enfrentó a sus temores en una forma sabia e intencional. Todos tenemos temores, pero la pregunta es: ¿qué vamos a hacer con ellos? ¿Permitiremos que nuestros temores estén por encima de nuestro pensamiento, nuestras vidas y nuestras relaciones? ¿O los usaremos como una oportunidad para confiar en Dios y avanzar con valor y fuerza? Echemos un vistazo al ejemplo que Ester ofrece de su vida un poco imperfecta.

Un tiempo para el valor

Huérfana a temprana edad, la joven Ester fue criada por su primo Mardoqueo. Vivió en la tierra de Persia aproximadamente en el año 470 a. C. durante el reinado del rey Jerjes. Como judíos en el exilio en una tierra extranjera, el futuro de su pueblo era impredecible.

El rey mismo era un hombre bastante impredecible. Una vez celebró un gran banquete con todos los líderes militares de Persia y Media. Asistieron todos los príncipes y los nobles de las provincias. El evento se prolongó durante casi medio año, con mucha jactancia y bebiendo y celebrando. Una noche, el rey decidió invitar a su esposa, la reina Vasti, a desfilar alrededor de todos para que observaran su belleza. Cuando se negó a venir, el rey se enojó mucho y no tuvo otra opción que destronarla y buscar una nueva reina.

Se realizó un gran concurso de belleza para encontrar a la próxima reina. Presentaron muchas mujeres ante el rey Jerjes, incluyendo a Ester. Dios permitió que Ester capturara el corazón del Rey y pronto se convirtió en la reina Ester. Pero incluso ser reina tenía sus limitaciones. Nadie podía acercarse al trono del rey a menos que hubiera sido convocado por él, ni siquiera la reina.

Mientras tanto, un enemigo de los judíos llamado Amán ganó mucho poder en la corte del rey. En un interesante giro de los acontecimientos, Amán llegó a despreciar a Mardoqueo porque no quiso inclinarse ante él. Como resultado, Amán pidió al rey que los judíos fueran destruidos. Ester había mantenido su herencia judía en secreto hasta ese momento, pero ahora había un decreto que proclamaba que los judíos iban a ser aniquilados.

Mardoqueo envió un mensaje a Ester al palacio alertándola de la situación y diciéndole que fuera ante el rey para pedir clemencia. Es aquí donde empezamos a tener un indicio del temor que estaba a punto de enfrentar. Ella respondió a Mardoqueo: "Todos los servidores del rey y el pueblo de las provincias del reino saben que, para cualquier hombre o mujer que, sin ser invitado por el rey, se acerque a él en el patio interior, hay una sola ley: la pena de muerte. La única excepción es que el rey, extendiendo su cetro de oro, le perdone la vida. En cuanto a mí, hace ya treinta días que el rey no me ha pedido presentarme ante él".[1]

Mardoqueo le recordó: "No te imagines que por estar en la casa del rey serás la única que escape con vida de entre todos los judíos. Si ahora te quedas absolutamente callada, de otra parte vendrán el alivio y la liberación para los judíos, pero tú y la familia de tu padre perecerán. ¡Quién sabe si no has llegado al trono precisamente para un momento como éste!".[2] Mardoqueo confiaba en Dios y sabía que el tiempo de Dios estaba perfectamente diseñado. Ester estaba en el palacio con un propósito. Ester respondió valientemente: "Ve y reúne a todos los judíos que están en Susa, para que ayunen por mí. Durante tres días no coman ni beban, ni de día ni de noche. Yo, por mi parte, ayunaré con mis doncellas al igual que ustedes. Cuando cumpla con esto, me presentaré ante el rey, por más que vaya en contra de la ley. ¡Y si perezco, que perezca!".[3]

"¡Y si perezco, que perezca!". Ahora tenemos a una mujer que estaba dispuesta a enfrentarse a sus temores. Pero fíjese, ella no llevó adelante un plan hasta haber buscado la dirección y la ayuda del Señor. No sólo pidió a todos que oraran, ella también ayunó y oró diligentemente.

Ánimo con sabiduría

Ester ideó un plan muy sabio. No corrió y se enfrentó a la situación peligrosa al azar. No, se preparó cuidadosamente. Tiendo a creer que cuando presentó su petición al Señor, Él le concedió sabiduría para cómo proceder ante este asunto delicado.

Aquí tenemos una gran lección para todas nosotras. Al enfrentar situaciones aterradoras, podemos acudir a nuestro maravilloso y generoso Padre celestial y buscar su consejo y asesoramiento. Él nos da no solo consuelo y valor, sino que también nos da sabiduría. Me acuerdo de lo que leemos en Santiago:

"Hermanos míos, considérense muy dichosos cuando tengan que enfrentarse con diversas pruebas, pues ya saben que la prueba de su fe produce constancia. Y la constancia debe llevar a feliz término la obra, para que sean perfectos e íntegros, sin que les falte nada. Si a alguno de ustedes le falta sabiduría, pídasela a Dios, y él se la dará, pues Dios da a todos generosamente sin menospreciar a nadie. Pero que pida con fe, sin dudar, porque quien duda es como las olas del mar, agitadas y llevadas de un lado a otro por el viento. Quien es así no piense que va a recibir cosa alguna del Señor; es indeciso e inconstante en todo lo que hace".[4]

Ester no se apresuró y pidió que los judíos fueran salvos. Las tontas se apresuran, pero las mujeres sabias y valientes llevan a cabo un plan de acción. Ester se preparó. Después de tres días de oración, se puso las vestiduras reales y se quedó en el patio interior del palacio frente a la sala del rey. El rey estaba sentado en su trono real en la sala frente a la entrada y cuando sus ojos se posaron en la reina él se sintió complacido y extendió su cetro de oro. También le ofreció la mitad de su reino.

Aquí es donde yo habría saltado y dicho: "¡Por favor, salva a mi pueblo! Estamos a punto de ser asesinados". Sin embargo, en su paciente y reservada sabiduría, Ester se limitó a pedir al rey que él y Amán asistieran a un banquete. El rey disfrutó tanto del banquete que volvió a ofrecerle la mitad del reino, pero ella gentilmente y con paciencia los invitó a otro banquete. Note la paciencia que tuvo en medio de un tiempo tan tenso. Le había entregado sus preocupaciones a Dios y sabía que Él estaba en control. Su fe estaba en Él y por consiguiente, su paciencia aumentó.

La historia de Ester es para mí una de las más grandes en el crecimiento de la fe en la Biblia, porque aquí vemos que Dios está en los detalles. David nos recuerda que Dios se deleita en los detalles de nuestra vida y esta verdad se convierte en algo muy obvio en el libro de Ester. Quiero animarle a que lea este libro de la Biblia si no lo ha hecho. Su corazón será conmovido por la orquestación perfecta de Dios sobre el tiempo y los eventos. Si algo puede calmar nuestros temores, reconocer la soberanía de Dios seguramente traerá una hermosa paz a su corazón ansioso. Él se movió poderosamente en el corazón de Jerjes y las cosas cambiaron para que finalmente Amán fuera colgado en la horca que él había preparado para Mardoqueo. También se les permitió a los judíos que se defendieran. Y todos vivieron felices para siempre... a excepción de Amán y su familia.

Ester sabía que había mucho en juego, así que oró, planificó y se preparó cuidadosamente para hacer frente a su difícil situación. Su paciencia y su gracia demostraron que, en medio del miedo, la fe en Dios prevalece. La vida un poco imperfecta de la reina Ester nos da la oportunidad de aprender a enfrentar nuestros temores con sabiduría y fuerza. Los temores pueden aparecer en nuestras cabezas y en nuestras vidas de las maneras más sorprendentes e implacables, pero no tenemos que ser esclavas de nuestros temores. Podemos pedir al Señor que nos de valor en cada paso del camino.

Me acuerdo de lo que dijo Bethany Hamilton sobre el valor. "El valor no significa que usted no tiene miedo, significa que no dejará que el miedo le detenga". Quizás usted recuerde que Bethany es la surfista adolescente que fue atacada por un tiburón en Hawái y que perdió un brazo, sin embargo, fue a competir en eventos internacionales de surf. Enfrentó sus temores en lugar de dejar que la dominaran. Al igual que Ester, avanzó a pesar de sus temores.

Nuestro alentador

Dios está en el negocio de dar valor. A lo largo de la Biblia escuchamos el llamado una y otra vez: "No temas, porque yo estoy contigo". El mensaje de Dios es de fe y valor, no de temor y temblor. Desde Abraham hasta Josué, María y los pastores en el campo en la noche del nacimiento de Jesús, Dios ha estado proclamando a las generaciones: "No tengan miedo". En los salmos se nos recuerda: "Aun cuando yo pase por el valle más oscuro, no temeré, porque tú estás a mi lado. Tu vara y tu cayado me protegen y me confortan". [5] Hay fortaleza en saber que no estamos solos, que Dios está junto a nosotras durante nuestras dificultades. Qué consuelo viene cuando recordamos su voz diciendo: "Yo estoy con vosotros".

Me recuerda el aliento que Dios le dio a Josué al tomar el liderazgo de los hijos de Israel:

> "Recita siempre el libro de la ley y medita en él de día y de noche; cumple con cuidado todo lo que en él está escrito. Así prosperarás y tendrás éxito. Ya te lo he ordenado: ¡Sé fuerte y valiente! ¡No tengas miedo ni te desanimes! Porque el Señor tu Dios te acompañará dondequiera que vayas". [6]

Dios quería que Josué meditara continuamente en sus mandamientos y que caminara con valor. El líder de Israel tuvo que enfrentar muchas batallas difíciles, pero Dios le dio lo que necesitaba para cada una. Dios no quiere que vivamos en el desaliento del miedo, sino más bien en el valor de saber que está con nosotras.

Los temores no saludables

Ciertos tipos de miedo sirven como una protección. Por ejemplo, cerramos nuestras puertas por temor a que alguien pueda romperlas y robarnos. Utilizamos sistemas de copia de seguridad para nuestras computadoras por temor a un virus o a que se rompa la computadora, lo que nos dejaría sin nuestros documentos e información. Compramos un seguro de vida por temor a que nuestras familias se enfrenten a graves pérdidas económicas si algo llegara a sucedernos. Ciertamente los temores saludables nos ayudan a alejarnos de la destrucción. De hecho Salomón dijo: "El comienzo de la sabiduría es el temor del Señor".[7]

Pero un miedo no saludable de lo que podría pasarnos en la vida puede atraparnos y llenarnos de ansiedad y preocupación y puede ser improductivo y destructivo en nuestras vidas. Las angustias incesantes pueden llevar a todo tipo de trastornos físicos, sin mencionar los problemas en nuestras relaciones. Muchas de las discusiones y disputas que tenemos con otros se basan en algún tipo de temor a lo que podría suceder. A veces los temores malsanos nos pueden impedir que demos pasos positivos hacia adelante y avanzar hacia nuestros sueños.

En el mundo de la literatura hay muchas personas a quienes les encantaría publicar un libro alguna vez, pero nunca han enviado la propuesta de su libro a un editor. ¿Por qué? El miedo al rechazo. Miedo que a alguien no le guste su trabajo. Este miedo las mantiene encerradas en una caja y atrapadas en las cadenas de no vivir sus sueños.

Los temores pueden sacudir nuestra manera de pensar y controlar nuestras vidas si se lo permitimos. ¿De qué tiene miedo? ¿Es el miedo a algo que puede suceder en el futuro? ¿Está excesivamente preocupada acerca de un trabajo que debe hacer o un examen que debe pasar? Tal vez usted siente miedo de que algo pueda ocurrirle físicamente, financieramente o en una relación. Como seguidoras de Cristo, tenemos un lugar donde podemos llevar a nuestros temores. La invitación está abierta. Dios nos invita a echar nuestras inquietudes y preocupaciones sobre Él.

El Dios de paz nos quiere dar la paz al enfrentarnos a las cosas que nos angustian. Nuestro Padre Eterno, el Dios todopoderoso, es capaz de liberarnos de las garras del miedo en nuestras vidas. Él nunca nos dejará y tiene un plan que es mucho más grande que lo que podemos ver. Él puede proteger nuestra reputación. Él puede usar nuestros errores. Él caminará con nosotras a través de las dificultades. Él redime nuestras vidas desde el foso. Debemos quitar nuestros ojos de lo que nos está preocupando y ponerlos en su fidelidad. Podemos seguir el plan de Ester para hacer frente a sus temores mientras primero llevaba esos temores a su Padre celestial. Entonces llevó a cabo sabiamente un plan de acción cuidadoso y deliberado. ¡Que Dios pueda guiarnos cada día a medida que llevamos nuestros temores a Él y dejamos que en su lugar crezcan nuestra fe y alegría!

He encontrado que alabar a Dios en medio de mis temores cambia mi enfoque del temor al deleite en el Señor. Aprendí esta lección de vida del apóstol Pablo, quien alabó a Dios y oró justo en la más profunda y oscura mazmorra. Cuando elijo centrarme en la grandeza y la bondad de Dios, esto me ayuda a través de las tormentas y me recuerda que estoy en buenas manos. Él que es capaz de calmar las tormentas del mar puede también traer la calma a mi corazón ansioso. Alabarle fortalece nuestra fe y nuestro pensamiento se vuelve hacia su grandeza en vez de a la grandeza aparente de nuestros problemas.

Enfrentarse a sus temores puede ser el catalizador que le impulse hacia adelante en su carrera o en sus relaciones. A medida que aprendemos a caminar hacia adelante sin los grilletes de la preocupación y la ansiedad, podemos adentrarnos en el nuevo territorio y crecer en confianza y fuerza. Los temores pueden estallar de vez en cuando en nuestra mente, pero no podemos permitirles que se lleven lo mejor de nosotras. Podemos cambiar nuestro enfoque y mirar hacia arriba. Claro, es tentador llevar primero nuestros temores a las personas en vez de al Señor. ¿En quién se apoya en busca de ayuda? ¿Se apoya en otros, o incluso en sus propias habilidades y fortalezas o se apoya en el Señor Dios Todopoderoso (el Shaddai)? ¡Él es poderoso para salvar!

Lleve su "carga" delante de Él

Puede haber momentos en la vida en que la batalla parece tan grande que no se puede imaginar la victoria. Tal vez usted está enfrentando el miedo a la vida después de un divorcio, viviendo con una enfermedad debilitante, enfrentando a un hijo rebelde o tratando de ganarse la vida después de perder un trabajo. El miedo a lo desconocido también puede atraparnos y hacernos caer en la desesperación si se lo permitimos.

Me viene a la mente la historia de un rey del Antiguo Testamento. El buen rey Josafat, rey de Judá, en los años 850 AC. La Biblia nos cuenta su historia poderosa al enfrentar probabilidades aparentemente insuperables. Sin embargo, en lugar de dejarse vencer por el miedo y la desesperación, Josafat tomó sus circunstancias abrumadoras y se dirigió directamente al Señor en busca de ayuda y consejo, así como lo hizo Ester. ¡Tomó su "carga" y la colocó delante de Él! Aquí está la historia dramática, que también podemos aplicar a nuestras vidas:

Y alguien fue a informarle: "Del otro lado del mar Muerto y de Edom viene contra ti una gran multitud. Ahora están en Jazezón Tamar, es decir, en Engadi". Atemorizado, Josafat decidió consultar al Señor y proclamó un ayuno en todo Judá. Los habitantes de todas las ciudades de Judá llegaron para pedir juntos la ayuda del Señor.[8]

Observe que Josafat se alarmó, pero no permitió que esos pensamientos lo atraparan. En su lugar, se dirigió directamente al Señor y les dijo a todos los demás que hicieran lo mismo. Fue al Señor buscando sabiduría y ayuda, pero observe cómo comenzó; alabándole y reconociendo todo lo que Él ya había hecho por los israelitas. Siga leyendo:

En el templo del Señor, frente al atrio nuevo, Josafat se puso de pie ante la asamblea de Judá y de Jerusalén, y dijo: "Señor, Dios de nuestros antepasados, ¿no eres tú el Dios del cielo, y el que gobierna a todas las naciones? ¡Es tal tu fuerza y poder que no hay quien pueda resistirte! ¿No fuiste tú, Dios nuestro, quien a los ojos de tu pueblo Israel expulsó a los habitantes de esta tierra? ¿Y no fuiste tú quien les dio para siempre esta tierra a los descendientes de tu amigo Abraham? Ellos la habitaron y construyeron un santuario en tu honor, diciendo: 'Cuando nos sobrevenga una calamidad, o un castigo por medio de la espada, o la peste o el hambre, si nos congregamos ante ti, en este templo donde habitas, y clamamos a ti en medio de nuestra aflicción, tú nos escucharás y nos salvarás' ".

"Cuando Israel salió de Egipto, tú no le permitiste que invadiera a los amonitas, ni a los moabitas ni a los del monte de Seír, sino que lo enviaste por otro camino para que no destruyera a esas naciones. ¡Mira cómo nos pagan ahora, viniendo a arrojarnos de la tierra que tú nos diste como herencia! Dios nuestro, ¿acaso no vas a dictar sentencia contra ellos? Nosotras no podemos oponernos a esa gran multitud que viene a atacarnos. ¡No sabemos qué hacer! ¡En ti hemos puesto nuestra esperanza!".[9]

Josafat reconoció su gran necesidad. Admitió su impotencia para hacer frente a un gran ejército por su cuenta, pero sus ojos estaban puestos en el Señor.

Cuando usted se siente abrumada o siente miedo, ¿dónde están sus ojos? Qué lección tan importante para recordar: quitar la vista de lo que nos está causando temor y ponerla en nuestro Dios poderoso y que todo lo sabe. Me encanta la declaración de Josafat: "¡No sabemos qué hacer! ¡En ti hemos puesto nuestra esperanza!" Esa puede ser nuestra oración constante, mientras nos enfrentamos a batallas, temores o preocupaciones. Esta será una gran frase para memorizar mientras confiamos en nuestro Padre celestial omnisciente y amoroso.

Todos los hombres de Judá estaban de pie delante del Señor, junto con sus mujeres y sus hijos, aun los más pequeños. Entonces el Espíritu del Señor vino sobre Jahaziel, hijo de Zacarías y descendiente en línea directa de Benaías, Jeyel y Matanías. Este último era un levita de los hijos de Asaf que se encontraba en la asamblea. Y dijo Jahaziel: "Escuchen, habitantes de Judá y de Jerusalén, y escuche también Su Majestad. Así dice el Señor: 'No tengan miedo ni se acobarden cuando vean ese gran ejército, porque la batalla no es de ustedes sino mía. Mañana, cuando ellos suban por la cuesta de Sis, ustedes saldrán contra ellos y los encontrarán junto al arroyo, frente al desierto de Jeruel. Pero ustedes no tendrán que intervenir en esta batalla. Simplemente, quédense quietos en sus puestos, para que vean la salvación que el Señor les dará. ¡Habitantes de Judá y de Jerusalén, no tengan miedo ni se acobarden! Salgan mañana contra ellos, porque yo, el Señor, estaré con ustedes'".[10]

Seguir la sabiduría de Dios

Dios dio a los israelitas instrucciones claras y ellos las siguieron. No hicieron lo que querían hacer (que probablemente fuera salir corriendo); hicieron lo que Él los llamó a hacer. Pidieron sabiduría en medio del peligro y Él los guió. Es interesante para mí que ellos no pidieron que el problema simplemente desapareciera. En su lugar, buscaron la dirección y ayuda de Dios para enfrentar el desafío. Puede que Dios no elimine nuestra situación difícil o temerosa, pero Él es generoso y nos da sabiduría y orientación para obrar en medio de nuestras dificultades.

> Josafat y todos los habitantes de Judá y de Jerusalén
> se postraron rostro en tierra y adoraron al Señor, y
> los levitas de los hijos de Coat y de Coré se pusieron
> de pie para alabar al Señor a voz en cuello.[11]

Ellos comenzaron a alabar a Dios por su dirección y cuidado. Todavía no habían experimentado la victoria, pero lo alabaron. Esto me recuerda de nuevo a Pablo y a Silas orando y alabando a Dios justo en la más profunda y oscura prisión, habiendo sido duramente golpeados. Ellos lo alabaron, incluso antes de ver la respuesta a sus oraciones. ¡En medio de nuestro miedo y ansiedad, alabemos al Señor! Eso cambia nuestra perspectiva y aumenta nuestra fe. Ahora vamos a ver cómo Dios libró la batalla por Josafat:

> Al día siguiente, madrugaron y fueron al desierto de Tecoa. Mientras avanzaban, Josafat se detuvo y dijo: "Habitantes de Judá y de Jerusalén, escúchenme: ¡Confíen en el Señor, y serán librados! ¡Confíen en sus profetas, y tendrán éxito!" Después de consultar con el pueblo, Josafat designó a los que irían al frente del ejército para cantar al Señor y alabar el esplendor de su santidad con el cántico: "Den gracias al Señor; su gran amor perdura para siempre".
>
> Tan pronto como empezaron a entonar este cántico de alabanza, el Señor puso emboscadas contra los amonitas, los moabitas y los del monte de Seír que habían venido contra Judá y los derrotó. De hecho, los amonitas y los moabitas atacaron a los habitantes de los montes de Seír y los mataron hasta aniquilarlos. Luego de exterminar a los habitantes de Seír, ellos mismos se atacaron y se mataron unos a otros.[12]

Dios peleó por ellos mientras seguían sus orientaciones. Aunque los detalles fueron diferentes, tanto Ester como Josafat enfrentaron sus temores poniendo sus ojos en el Señor. Él luchó la batalla por ellos.

Tres aplicaciones prácticas vienen a la mente sobre estos ejemplos de fe en la puerta del miedo: buscar la ayuda y la dirección de Dios, alabarle en medio del desafío y recordar que la batalla es del Señor. Así como Ester y Josafat pidieron a otros que se unieran a ellos en oración, rodéese de personas que puedan orar por usted mientras enfrenta las batallas. Mi amiga, no se desanime y no ceda a la desesperación. En cambio, enfrente su miedo con valentía mientras pone sus ojos en Dios y los quita de sus circunstancias.

Estrategia de vida positiva

Verdad poderosa

Podemos reemplazar nuestros temores con fe en Dios y con la búsqueda de su sabiduría y dirección.

Plan de acción

1. Reconozca los temores que acechan su vida.
2. Busque la dirección y la ayuda de Dios.
3. Alábele y dele gracias en medio de sus preocupaciones y temores.
4. Recuerde que la batalla es del Señor.
5. No se desanime y no caiga en la desesperación.
6. Pídale su paz que sobrepasa todo entendimiento.
7. Camine hacia adelante con sabiduría, paciencia y fe.

Entre en acción

Ayude a alguien que está luchando con el miedo o la preocupación por una circunstancia en su vida (tal vez una pérdida financiera, un niño desobediente, un divorcio o un desafío físico) y ofrezca apoyarle en oración. Anime su fe y confórtele porque el Señor está cerca de los quebrantados de corazón y camina con nosotras a través de nuestros valles más oscuros. Así como Ester tuvo el apoyo de otros judíos que se unieron a ella en oración y ayunó mientras se enfrentaba a su miedo, seamos un apoyo espiritual a las demás con nuestras oraciones y palabras de esperanza y aliento. Todas necesitamos un guerrero de oración personal algunas veces.

Escríbalo en su corazón
Encomienda al Señor tus afanes y Él te sostendrá.

SALMO 55:22

Preguntas para el debate
- ¿Qué es lo primero que usted tiende a hacer cuando tiene miedo?
- ¿Por qué cree que Dios no quiere que seamos consumidas por nuestros temores?

Capítulo seis

Ayude a otros

Mediante la compasión hacemos nuestra la miseria de los demás,
y así, mediante su alivio, nos aliviamos nosotros también.

Sir Thomas Browne

Por lo tanto como escogidos de Dios, santos y
amados, revístanse de afecto entrañable y de
bondad, humildad, amabilidad y paciencia.

Colosenses 3:12

Si se nos diera la oportunidad de elegir nuestro camino en la vida, estoy bastante segura de que la mayoría de nosotras escogeríamos el camino más fácil, el que tiene menos golpes, baches y desafíos. Pocas de nosotras elegirían deliberadamente un viaje difícil en la vida, plagado de angustia, dolor y pérdidas. Sin embargo, si elegimos ser personas compasivas, optamos por unirnos al dolor de otra persona. La palabra *compasión* significa realmente "con sufrimiento". La raíz de la palabra, *pasión*, viene de la palabra latina *passio*, que significa "sufrimiento". Si queremos ser una persona compasiva, entonces estamos invitando al sufrimiento a nuestras vidas, el sufrimiento de otra persona. ¿Hasta dónde estamos dispuestas a ir para llegar a alguien y tocar la vida de esa persona, uniéndonos a su dolor?

Es fácil registrarse para patrocinar un niño huérfano en la India, escribir nuestro cheque mensual y mantener la distancia. Y sí, necesitamos comprometernos de esta manera. Ya que Dios nos ha bendecido con tanto, podemos dar con alegría a aquellos que no tienen nada.[1] Emitir un cheque para alguien necesitado o ir en un viaje misionero es sin duda una manera importante de mostrar compasión en el extranjero, pero a veces es fácil pasar por alto los actos de compasión más difíciles justo frente a nosotras. ¿Estamos dispuestas a subirnos las mangas y ayudar a servir a los más cercanos?

La Madre Teresa, cuyo amor alcanzó a todo el mundo, dijo: "Quiero que usted se preocupe por su vecino. ¿Conoce usted a su vecino?". En otras palabras, podemos preocuparnos por la gente en todo el mundo, pero ¿qué pasa con la persona que Dios ha puesto a nuestro lado? ¿Estamos dispuestas a salir de nuestra zona de confort y tocar a alguien cercano a nosotras con bondad amorosa y compasión?

❧

Me acuerdo de un líder de misión que me decía que era más fácil para él ir en un viaje de misión de una semana por el mundo que acercarse a los vecinos y los más cercanos a él. Reconozcámoslo, es difícil cuidar de las necesidades reales de un amigo o un vecino a quien veremos una y otra vez. Es posible que nos puedan incomodar y perturbar nuestro estilo de vida normal, ya que algunos de ellos pueden continuar necesitándonos por un largo tiempo. (Por cierto, hay sabiduría en establecer límites, porque hay ciertas personas que se aprovecharán de su disponibilidad y se harán dependientes de una manera malsana.)

¿Puedo ser honesta con usted? A menudo no me atrevo a llegar a aquellos más cerca de mí a causa del temor de que demandarán más tiempo y atención. Un compromiso constante tiende a hacer que me sienta como en una camisa de fuerza. ¿Alguna vez se ha sentido así? ¿Notó algo en mi última declaración? ¿Se dio cuenta de la palabra *temor*? Espere un minuto, ¿no abordamos la cuestión del miedo en el capítulo anterior? Tal vez mostrar compasión a las personas más cercanas a nosotras demanda un poco de enfrentar nuestros temores, específicamente el temor de que seremos "aprisionadas" por una persona necesitada durante un período indeterminado de tiempo.

Si aplicamos lo que aprendimos en el capítulo anterior, entonces debemos orar y buscar la guía del Señor sobre cómo podemos mostrar compasión a otros en necesidad. También podemos orar para que el Señor nos dé sabiduría para establecer límites prudentes para que podamos cuidarnos de ser facilitadores. Nuestro objetivo es ayudar verdaderamente, animar y elevar a nuestros vecinos, amigos o miembros de la familia que lo necesitan y el Señor nos puede conducir en cómo hacerlo de una manera sabia y significativa. La Biblia describe a Dios como compasivo y misericordioso, su propia naturaleza es el amor. Él nos dará la dirección que necesitamos mientras deseamos alcanzar a otros con amor y compasión, sea que estén cerca o en el otro lado del mundo.

Algo más sobre la importancia de los límites. Mientras hablamos de ser compasivas, también debemos reconocer que no somos las salvadoras de todas las personas. A veces tenemos que permitir que la gente asuma la responsabilidad de sus retos, ayudándolas a reconocer la necesidad de llevar su propia carga y confiar en Dios para darles dirección y fuerza en lugar de poner toda su dependencia en las personas.[*]

Maravillosamente dispuesta

Hay un ejemplo estelar en el Antiguo Testamento de una mujer que llegó a alguien con la verdadera compasión. Rut no eligió el camino fácil de "ocúpese de sus problemas, yo me

---

[*] Si usted lucha por encontrar un equilibrio entre compasiva y facilitadora, le recomiendo dos grandes libros para establecer límites: *Setting boundaries with difficult people* de Allison Bottke (Harvest House Publishers, 2011) y *Límites* de Henry Cloud y John Townsend (Editorial Vida, 2001).

ocuparé de los míos". No, en lugar de eso optó por el camino más estrecho, el camino menos transitado, el camino de "le acompañaré y le ayudaré a llevar su carga". Su bondad crea un retrato de amor paciente y dedicación perdurable que sirve para inspirarnos a morir a nosotras mismas y a vivir con los brazos extendidos. Su vida tenía sus propios desafíos, sin embargo, no permitió que sus propias dificultades se convirtieran en una oportunidad para dar excusas.

Cuando consideramos la vida un poco imperfecta de Rut, tenemos que empezar mirando su herencia. Rut era una mujer moabita. Ahora puede decirse a sí misma: ¿A quién le importa? ¿Eso realmente importa? Importaría si usted fuera judía. Había una hostilidad muy antigua entre los moabitas y los israelitas. Ubicada justo al este del mar Muerto, Moab fue una de las naciones que oprimió a Israel durante el período de los jueces. Las relaciones amistosas con ellos se frenaron y estaba prohibido el matrimonio entre los judíos y los moabitas. A una persona de ascendencia moabita no se le permitía adorar en el tabernáculo debido a un conflicto muy antiguo que se remonta a los días en que los israelitas cruzaban el desierto. Los moabitas prohibieron a los israelitas el derecho a pasar a través de sus tierras durante el éxodo de Egipto. Es algo así como los Montesco y los Capuleto, ¿verdad?

Había un cierto israelita que vivía en Belén, llamado Elimélec, que llevó a su esposa Noemí y a sus dos hijos a vivir en la tierra de Moab durante una época de hambruna. ¡Debe haber sido una hambruna muy fuerte para mudarse a territorio moabita! Mientras estaban allí, Elimélec murió, por lo que Noemí se quedó en Moab con sus hijos. Como debe imaginarse, los dos hijos se casaron con mujeres moabitas, pero después de unos diez años, los hijos también murieron. Noemí no solo había perdido a su esposo sino que también había perdido a sus hijos. Las viudas en el mundo antiguo eran a menudo ignoradas y golpeadas por la pobreza en la sociedad. Noemí tenía poca esperanza en una tierra extraña, sin embargo, había oído que el hambre había disminuido en Israel y decidió hacer el viaje para regresar a su país natal. La ley de Dios establecía que el pariente más cercano del esposo fallecido debía cuidar de la viuda, así que tal vez pensó que podría encontrar ayuda allí.

En el camino a casa, Noemí les dijo a sus nueras que volvieran a sus familias y comenzaran una nueva vida allí. ¡Era un momento de decisiones importantes para las dos mujeres jóvenes! Dos caminos. Un camino llevaba a la comodidad y a la seguridad de su propio pueblo y familia, junto con la posibilidad de empezar otra vez con un nuevo esposo. El otro camino significaba cuidar a una suegra deprimida al tiempo que enfrentaría la hostilidad como moabita en el territorio de Israel y sin la garantía de un nuevo matrimonio. Decisión difícil: comodidad y seguridad frente a la participación en el sufrimiento de otra persona y un futuro incierto. ¿Qué camino elegiría?

Una de las nueras, llamada Rut, eligió el camino difícil, el camino menos transitado, el camino que se ha pavimentado con amor, pero que requería compromiso y morir a uno mismo. Tal vez usted esté familiarizada con sus palabras de bondad:

> ¡No insistas en que te abandone o en que me separe de ti! Porque iré adonde tú vayas, y viviré donde tú vivas. Tu pueblo será mi pueblo, y tu Dios será mi Dios. Moriré donde tú mueras, y allí seré sepultada. ¡Que me castigue el Señor con toda severidad si me separa de ti algo que no sea la muerte![2]

Rut no solo amó con sus palabras, amó con sus acciones. Se acercó a una mujer que necesitaba su ayuda y se dedicó a estar a su lado en el largo camino.

Acercarse a la oportunidad

Pero este fue solo el comienzo de la historia de Rut. Dios otorgó su favor a esta mujer amable que demostró el amor en acción hacia su suegra. Rut se hizo muy hábil para salir de su zona de comodidad y acercarse a las oportunidades. Necesitaba reunir comida para Noemí y para ella misma, así que se fue y recogió el trigo sobrante de un campo que era propiedad de un pariente distante de Noemí llamado Booz. Booz estaba consciente de la reputación de Rut, en realidad su carácter compasivo era la comidilla del pueblo. Cuando la conoció por primera vez le dijo: "Ya me han contado todo lo que has hecho por tu suegra desde que murió tu esposo; cómo dejaste padre y madre, y la tierra donde naciste, y viniste a vivir con un pueblo que antes no conocías. ¡Que el Señor te recompense por lo que has hecho! Que el Señor, Dios de Israel, bajo cuyas alas has venido a refugiarte, te lo pague con creces".[3]

No se pierda la belleza de lo que dijo Booz. Los actos de compasión de Rut no solo revelaban la belleza de su corazón, sino que también demostraban su fuente de fuerza espiritual. Observe cómo Booz lo dijo tan maravillosamente: "El Señor, Dios de Israel, bajo cuyas alas has venido a refugiarte". Esto lo vimos reflejado en el compromiso inicial de Rut con Noemí. No solo optó por ayudar, sino que escogió al Dios de Israel como su Dios. Se alejó de los dioses paganos de su herencia y por la fe creyó en el Dios único y verdadero. Debajo de sus alas encontró su refugio y su fuerza. ¿Y usted? ¿Se puede decir de usted lo que se dijo de Rut? ¿Ha venido a refugiarse bajo sus alas poderosas? Tal vez esto es lo que le permitió a Rut extender sus alas y volar, sabiendo que un Dios compasivo y amoroso la había cuidado.

Me acuerdo de las palabras de David que describen el amor y el cuidado del Señor:

> Tu amor, Señor, llega hasta los cielos;
> > tu fidelidad alcanza las nubes.
> Tu justicia es como las altas montañas;
> > tus juicios, como el gran océano.
> Tú, Señor, cuidas de hombres y animales;
> ¡Cuán precioso, oh Dios, es tu gran amor!
> > Todo ser humano halla refugio
> > a la sombra de tus alas.
> Se sacian de la abundancia de tu casa,
> > les das a beber de tu río de deleites.
> Porque en ti está la fuente de la vida,
> > y en tu luz podemos ver la luz.[4]

Cuando Noemí se enteró de que Rut había estado en el campo de Booz, la animó a acercarse a Booz como su "pariente cercano". El *pariente redentor* era un pariente que estaba obligado a asumir la responsabilidad por una viuda en la familia.[5] Rut siguió el consejo de su suegra y se fue a la era a solicitar que Booz la redimiera como su pariente redentor.

He aquí otro ejemplo de Rut yendo más allá de su zona de comodidad. ¡Y qué final más feliz tuvo su historia! Finalmente ella y Booz se casaron y tuvieron un hijo llamado Obed. Y en el diseño maravilloso de Dios, ¡Obed fue el padre de Isaí, e Isaí fue el padre del rey David!

Dios se acerca con compasión

La historia de Rut es una imagen de una historia de compasión mucho más grande, una historia que incluye la redención y la gracia en el mismo centro de la escena. Piense en cómo Dios en su gracia escogió usar a una mujer moabita despreciada para ser parte del linaje del rey David y finalmente de Jesús. No usó a alguien que parecía tener la vida perfecta o valiosos antecedentes. Utilizó a Rut, una viuda extranjera, cuyo estatus estaba entre los más bajos de la sociedad. Fue un personaje inverosímil en el hermoso plan de redención, pero de eso se trata la gracia. Dios, en su bondad y compasión llegó más allá de la hostilidad y el estatus social y elevó a esta mujer a un lugar en el linaje de Cristo.

Dios siempre ha estado en el negocio de la compasión. Debido a su gran compasión hacia nosotras, Él llegó a este mundo lleno de pecadores para salvar y redimir a los que creen en Cristo. Él ha tenido la bondad de darnos el derecho de ser sus propias hijas. Dios podría habernos dejado morir en nuestro pecado, pero entró en acción, y no fue algo cómodo. Él envió a su Hijo unigénito para sufrir y morir en nuestro lugar. La Biblia nos dice cómo deben ser nuestras relaciones con los demás:

> Nuestra actitud debe ser como la de Cristo Jesús, quien, siendo por naturaleza Dios, no consideró el ser igual a Dios como algo a qué aferrarse. Por el contrario, se rebajó voluntariamente, tomando la naturaleza de siervo y haciéndose semejante a los seres humanos. Y al manifestarse como hombre, se humilló a sí mismo y se hizo obediente hasta la muerte, ¡y muerte de cruz! [6]

El Señor llegó a nosotras con compasión y también nosotras debemos llegarnos a los demás. Cristo estuvo dispuesto a dejar la comodidad del cielo con el fin de recorrer el camino del sufrimiento en nuestro nombre. ¿Ha oído hablar de la pasión de Cristo? Bueno, recuerde que pasión (*passio*) significa sufrimiento. Él sufrió por nosotras. Él nos dio la muestra perfecta de compasión en el sentido más profundo y más rico cuando escogió dar su vida en nuestro nombre. "Nadie tiene amor más grande que el dar la vida por sus amigos".[7] ¿Estamos dispuestas a dejar de lado nuestra conveniencia y comodidad con el fin de llegar a tocar la vida de otra persona? Oremos para que Dios abra nuestros ojos a las oportunidades en nuestro propio patio, nuestros vecinos, nuestros familiares, nuestros amigos, así como otros en todo el mundo. Oremos por sabiduría para saber cómo ayudar realmente a los que están en necesidad y oremos por valor para poner nuestro amor en acción.

La verdadera compasión no es solo dar una limosna, sino que eleva a otra persona para ayudarle a ser mejor. Dios no se limitó a estampar una etiqueta de "perdonada" en nosotras y luego dejar que siguiéramos en la esclavitud del pecado, optó por transformar nuestras vidas. Nos dio su Espíritu para que viva dentro de nosotras y nos ayude a vivir con amor en acción. Nos dio el poder para sobreponernos al pecado y andar en sus caminos. Cuando reflejamos su compasión en este mundo, podemos considerar también cómo podemos ir más allá de simplemente dar limosnas. Es mucho más significativo y duradero cuando podemos dar una *mano*, una forma de ayudar a los necesitados a experimentar la dignidad y la esperanza. Al ayudar con las necesidades físicas, llevemos también aliento espiritual, porque el mensaje del evangelio trae un cambio positivo y duradero a la vida de una persona.

Una verdadera joya

Mi amiga Jewel es un verdadero tesoro. Aunque pequeña en estatura, es una fuente inagotable de compasión activa y fuerza dulce. Al igual que Rut, Jewel es viuda. Cuando su esposo murió, hubiera sido fácil para ella sentarse y descansar después de los años difíciles que rodearon su muerte. Pero Jewel no es una mujer que toma el camino fácil. Incluso antes de la muerte de su esposo comenzó a llegar a la gente en varios lugares de Europa del Este a través de un ministerio local que sirve a países de todo el mundo. Semanas después de la muerte de su esposo, viajó a Uganda para ministrar a cientos de mujeres. Dijo que podía haberse quedado en casa y llorar, pero que prefirió levantarse y seguir adelante para llevar esperanza a las mujeres en Uganda. Y recibió los abrazos de cientos de mujeres para ayudarlas a través de su dolor.

La casa de Jewel está decorada con recuerdos de la gran cantidad de gente que ha conocido en sus viajes misioneros alrededor del mundo. En Nigeria, Sudán y Uganda, Jewel comenzó un ministerio del vestido de boda, donando vestidos de novia con el fin de realzar la belleza de las mujeres mientras se les enseña el valor de los votos matrimoniales. A ella también le encanta ir a Perú donde mantiene amistad con muchas personas de diferentes pueblos. Puedo decir con facilidad que Jewel brilla cuando lleva alegría a personas de todo el mundo.

Además llega a la gente de su propia comunidad. Conozco a Jewel porque sirve como líder de mesa en mi estudio bíblico Conexión de la Mujer Positiva, y a menudo trae visitantes. También ayuda y alienta a una presidiaria en una cárcel local al llevar estudios bíblicos y aliento a esa persona que necesita una buena palabra de esperanza. Bendice a su familia y la lleva con ella en sus viajes misioneros cuando puede. De hecho, mientras escribo este capítulo, está en un viaje misionero con su nieta, visitando un país asiático que normalmente está cerrado al evangelio.

❧

Tanto Rut como Jewel me recuerdan Proverbios 31 que es una descripción memorable de una mujer de carácter noble: "Tiende la mano al pobre, y con ella sostiene al necesitado...Se reviste de fuerza y dignidad...'Muchas mujeres han realizado proezas, pero tú las superas a todas'". [8] La descripción continúa diciendo: "Engañoso es el encanto y pasajera la belleza; la mujer que teme al SEÑOR es digna de alabanza. ¡Sean reconocidos sus logros, y públicamente alabadas sus obras!".[9] Quizá el escritor estaba pensando en su propia madre cuando escribió esto, pero también creo que estaba describiendo a mujeres como Jewel que viven más allá de sí mismas para levantar a otros. ¿Y usted? ¿Es usted una Jewel?

══════Estrategia de vida positiva══════

Verdad positiva
Compasión significa tener el valor para salir de nuestra zona de comodidad y llegar a compartir el sufrimiento de otra persona.

Plan de acción
1. Escoja tomar el camino difícil algunas veces.
2. Extienda la mano y ayude de diferentes formas, tanto cerca como lejos.
3. Busque oportunidades para ayudar a las personas más cercanas a usted.

4. Pídale a Dios que le guíe para servir de forma inteligente.
5. No se limite a dar una limosna, dé también una mano.
6. Que las acciones y no las palabras definan su compasión.

Entre en acción

Decida salir de su zona de comodidad y busque a alguien en su entorno inmediato que necesite un toque de compasión y cuidado. Pídale al Señor que le guíe en la manera de cómo demostrar activamente el amor de Dios a esa persona y ayúdele. Considere formas en que pueda elevarle a un lugar donde pueda experimentar no sólo dignidad sino también esperanza y transformación perdurables.

Escríbalo en su corazón

Queridos hijos, no amemos de palabra ni de labios para afuera, sino con hechos y de verdad.

1 JUAN 3:18

Preguntas para el debate

- ¿Cuál es la diferencia entre dar una limosna y dar una mano?

- ¿Cómo el establecer límites le da más libertad para llegar a alguien? ¿Qué tipo de límites tienen sentido cuando usted está tratando de llegar a los demás?

Capítulo siete
Sea proactiva en vez de reactiva

La verdadera disciplina espiritual mantiene a los
creyentes comprometidos pero nunca amarrados;
su efecto es extender, expandir y liberar.

D.G. Kehl

Nunca dejen de ser diligentes;
antes bien, sirvan al Señor con el fervor que da el Espíritu.
Alégrense en la esperanza, muestren paciencia en
el sufrimiento, perseveren en la oración.

Romanos 12:11-12

¿Alguna vez ha estado en uno de esos parques acuáticos gigantes? Recientemente invité a mi hija, que ya está en la universidad, y a su amiga para que me acompañaran a una conferencia en Grapevine, Texas. Pensé que sería divertido alojarse en un hotel con un gran parque acuático en el interior para que se pudieran entretener mientras yo iba y daba mi conferencia. Quiero que sepa que no era un lugar pequeño. ¡De hecho, yo diría que es un parque del tamaño de Texas! Toboganes gigantes con todo tipo de giros y vueltas locas. Nunca había visto nada como eso. Estaba muy emocionada porque mi hija y su amiga disfrutarían los paseos, pero realmente no había planeado ir yo misma a los toboganes. Bueno, al menos no hasta que mi hija me convenció.

Debo admitir que los primeros toboganes no estaban tan mal. ¡De hecho, más bien fueron estimulantes! Me sentí tan joven y vibrante conquistando los giros y vueltas y saltos de agua. Justo cuando pensaba que había tenido suficiente, mi hija me convenció de ir hacia abajo en un tobogán más.

Debería haber sabido que no era una buena cosa cuando nos tomó casi 20 minutos subir las escaleras hasta la parte superior de ese tobogán descomunal.

Seguí para asegurarme de que eso sería divertido, no había problema, podría manejarlo. Todas las personas subían juntas en las balsas para este paseo en particular, así que ¿cuán malo podía ser? Lo que no sabía era que mi hija y su amiga habían planeado que bajara en ese escalofriante tobogán de espaldas. Cuando estaba entrando en la balsa, le dijeron en secreto al salvavidas que la volteara para que durante todo el paseo yo fuera hacia abajo sin previas advertencias. ¡Oh Dios mío! Ese fue el tobogán más escalofriante en que he estado. ¡Tenía un embudo gigante real en su centro, donde usted da vueltas y luego se desliza por el medio! Esa parte del paseo se apoda "La taza del inodoro". ¿Alguna vez ha sido lanzada por un inodoro de tamaño gigante? ¡Bueno, a mí me pasó! Quiero que sepa que fue una aventura atemorizante, por no decir más.

Una vez que el paseo terminó, con las rodillas temblando cojeé hasta el paseo del "Río lento" y les dije a las niñas que salieran y fueran a jugar. En caso de que se pregunte; las perdoné, pero solo porque es lo que Dios nos dice que hagamos. Cuando me dejé caer en mi agradable y segura cámara flotante en la suave corriente del "Río lento" pude finalmente recuperarme un poco. Fue encantador. Con la excepción de unas pocas y molestas salpicaduras de niños, era una relajación total. Recuerdo que pensé: *Esta es la vida. Quiero que la vida sea similar a esto, calmada, suave y predecible.* Entonces me di cuenta. Aunque quiero que la vida sea como un río perezoso con paz y serenidad predecibles, la vida es más como el tobogán gigante con giros y vueltas que no sabemos cuándo llegarán…¡algunos divertidos y algunos escalofriantes!

La pregunta no es *si* los giros y cambios llegarán a en nuestras vidas. La verdadera pregunta es, *cuando* los giros inesperados sucedan en nuestras vidas, ¿cómo responderemos? Tenemos una opción. Podemos optar por gritar y patalear durante todo el camino, o podemos optar por responder con fuerza, permaneciendo flexibles y creciendo a través de la aventura. (Sé lo que quiero responder, pero no siempre lo hago.)

En nuestra respuesta podemos adoptar una postura proactiva o reactiva. Cuando somos proactivas, damos un paso atrás, observamos el panorama general y consideramos las opciones frente a nosotras. Seguimos siendo flexibles y buscamos oportunidades. Cuando somos reactivas, nuestra respuesta por lo general explota por el miedo y la impaciencia. Cuando reaccionamos a las circunstancias de forma negativa o con ira a menudo solo nos centramos en lo que está justamente delante de nosotras en lugar de mirar al Señor y ampliar nuestra perspectiva para que podamos seguir adelante con sabiduría.

Evitar desastres

La mayoría de nosotras deseamos responder con respeto y prudencia en lugar de reaccionar tontamente cuando las circunstancias difíciles aparecen en nuestro camino. Pero por más que deseamos responder con sabiduría y serenidad, nuestra reacción emocional puede dominarnos. En el Antiguo Testamento nos encontramos con una rebosante historia con este contraste: una persona que reacciona tonta y abruptamente a sus circunstancias, mientras que otra responde con la cabeza tranquila, fresca y serena sobre sí misma. Podemos aprender mucho sobre la vida y nuestras respuestas mientras echamos una mirada a la vida en el hogar de Abigail y Nabal.

Abigail demostró paciencia y comprensión dentro de su matrimonio un poco imperfecto. Para comprender los desafíos que ella enfrentó en la vida, primero tenemos que conocer a su marido Nabal. Aunque Nabal era un hombre muy rico, la Biblia también nos dice que era maleducado y mezquino en sus tratos. Fue malvado, de mal genio y reactivo. Su nombre significaba "necio", porque la insensatez iba con él, como dice la Escritura. Abigail, como su esposa, sabía muy bien de las acciones insensatas de este hombre enojado. Sin embargo, ella parecía responder con dignidad y gracia a las circunstancias a pesar de su difícil esposo. La Biblia nos dice que no solo era hermosa, sino que también era inteligente. ¡Su relación realmente podría ser etiquetada como "la Bella y la Bestia"!

Su historia comienza cuando David se acerca a los hombres de Nabal con una petición. David era conocido en todo el país por matar a Goliat y como parte de la corte del rey Saúl. Pero Saúl se había puesto celoso de David y por lo tanto, ahora el rey lo estaba buscando. David y sus hombres se trasladaron de un lugar a otro y de una ciudad a otra para evitarlo. Terminaron en un desierto cerca de los campos de Nabal.

David envió a algunos de sus hombres para saludar a Nabal con cortesía genuina y cálida y a pedir algunas provisiones. Los seguidores de David habían sido amables con los pastores de Nabal en los campos y David esperaba que Nabal devolviera el favor. Pero, en lugar de responder con sabiduría y hospitalidad, el cascarrabias Nabal respondió diciendo: "¿Y quién es ese tal David? ¿Quién es el hijo de Isaí? Hoy día son muchos los esclavos que se escapan de sus amos. ¿Por qué he de compartir mi pan y mi agua y la carne que he reservado para mis esquiladores, con gente que ni siquiera sé de dónde viene?".[1]

David no tomó muy bien la reacción de Nabal. De hecho,

se enojó. Les dijo a sus hombres (había alrededor de 400 de ellos) que montaran y se ciñeran sus espadas. ¡Estaba listo para la batalla y se dirigió hacia la casa de Nabal! Uno de los criados avisó a Abigail lo que había sucedido. Le contó:

> "David envió desde el desierto unos mensajeros para saludar a nuestro amo, pero él los trató mal. Esos hombres se portaron muy bien con nosotros. En todo el tiempo que anduvimos con ellos por el campo, jamás nos molestaron ni nos quitaron nada. Día y noche nos protegieron mientras cuidábamos los rebaños cerca de ellos. Piense usted bien lo que debe hacer, pues la ruina está por caer sobre nuestro amo y sobre toda su familia. Tiene tan mal genio que ni hablar se puede con él.[2]

Planificar, no entrar en pánico

Ahora aquí es donde vemos la belleza en la respuesta de Abigail. En ese momento podría haberse desesperado y entrar en pánico, pensando que sus vidas habían terminado. Podría haber corrido y gritarle a Nabal, diciendo: "¡Qué estabas pensando! ¿No sabes que has hecho que David se enoje? ¡Mejor te retractas de tus palabras antes de que sea demasiado tarde!" (Aunque con el pasar de los años, ella probablemente había aprendido que el enfoque de "disuadir a Nabal" nunca funcionó). Podría haber preparado a los criados para la batalla para defender la retaguardia, todo el tiempo quejándose de su marido necio que una vez más les había puesto en una terrible situación.

Pero no hizo ninguna de estas cosas. En cambio, pensativamente diseñó un plan proactivo. El tiempo era esencial, por lo que reunió 200 panes, 2 odres de vino, 5 ovejas asadas, 5 medidas de trigo tostado, cien tortas de uvas pasas y doscientas tortas de higos secos y las cargaron en burros. Sí, ella entró en acción. Envió a sus siervos delante y no le dijo a Nabal a dónde iba. Cuando vio a David, se bajó rápidamente del asno y se inclinó ante él, postrándose rostro en tierra. ¡Qué cuadro de humildad! ¡Qué contraste con el orgullo altivo de Nabal! Seguidamente intercedió cuidadosamente en la situación. Ofreció regalos y pidió perdón por la reacción de su esposo. Apeló al ego de David y a su conciencia, sabiendo que era un hombre temeroso de Dios.

¡Su plan funcionó! Se evitó el desastre debido a las acciones de esta mujer valiente. Así es como respondió David:

> "¡Bendito sea el Señor, Dios de Israel, que te ha enviado hoy a mi encuentro! ¡Y bendita seas tú por tu buen juicio, pues me has impedido derramar sangre y vengarme con mis propias manos! El Señor, Dios de Israel, me ha impedido hacerte mal; pero te digo que si no te hubieras dado prisa en venir a mi encuentro, para mañana no le habría quedado vivo a Nabal ni uno solo de sus hombres. ¡Tan cierto como que el Señor vive!
>
> Dicho esto, David aceptó lo que ella le había traído. Vuelve tranquila a tu casa—añadió—. Como puedes ver, te he hecho caso: te concedo lo que me has pedido".[3]

Note la gran diferencia entre un hombre que temía a Dios y uno que no lo hacía. Cuando David vio todo el panorama, quiso hacer lo correcto porque temía a Dios y quería obedecerle. Nabal, por otro lado, no tenía temor de Dios. Hizo lo que quiso y vivió con una actitud insensata. Una vez más, debemos reflexionar en las palabras de Salomón: "El temor del Señor es el principio de la sabiduría". En las palabras de David vemos un profundo sentido de reverencia hacia Dios. ¡No con Nabal! El temor de Dios nos guarda de reacciones insensatas porque sabemos que al final responderemos a nuestro Padre celestial.

Una mujer con visión

Abigail probó ser una mujer de visión y fe. No dijo: "¡Oh, no!" en su precaria situación, dijo: "¡Bueno, hagamos un plan!". No se centró en lo que no podía hacer, vio lo que podía hacer. Una de las razones por las que tenía una actitud positiva es porque pensaba en el panorama completo. ¿Cómo puedo saber esto? En su "enérgico encuentro" con David, su humilde petición de perdón estaba mezclada con una declaración visionaria positiva y potente. Esto es lo que ella dijo:

> Yo le ruego que perdone la falta de esta servidora suya. Ciertamente, el Señor le dará a usted una dinastía que se mantendrá firme, y nunca nadie podrá hacerle a usted ningún daño, pues usted pelea las batallas del Señor. Aun si alguien lo persigue con la intención de matarlo, su vida estará protegida por el Señor su Dios, mientras que sus enemigos serán lanzados a la destrucción. Así que, cuando el Señor le haya hecho todo el bien que le ha prometido, y lo haya establecido como jefe de Israel, no tendrá usted que sufrir la pena y el remordimiento de haberse vengado por sí mismo, ni de haber derramado sangre inocente. Acuérdese usted de esta servidora suya cuando el Señor le haya dado prosperidad.[4]

¿Captó usted eso? Ella sabía que sin duda alguna David estaba destinado al trono. Creía en el plan de Dios y sabía que Él iba a llevarlo a cabo. Nabal en su corta visión vio simplemente un montón de hombres que sólo querían su comida. Abigail vio al hombre que iba a ser rey y reconoció la importancia de tener una relación pacífica y positiva con él. Su visión era para el futuro y tenía la esperanza de que David la recordara cuando tuviera éxito. Tenga en cuenta que ella continuó apuntando al Señor y a su plan, quitando el enfoque de la disputa con Nabal.

Existe un interesante giro al final de esta historia. Cuando Nabal supo lo que Abigail había hecho, su corazón falló y murió. ¿Adivine quién mandó a buscar a Abigail para que fuera su novia? Sí, David estaba tan impresionado por su sabiduría en el manejo de esta situación difícil que la quería por esposa. Dios la honró y bendijo sus sabias acciones y su reverencia por Él.

Fuerza a través de la flexibilidad

Un amigo me dijo una vez: "Una mujer flexible, rara vez se desequilibra". ¡Me gusta eso! Los planes cambian, surgen desafíos y los errores suceden. Debemos permanecer flexibles en el proceso. Una mujer flexible busca planes alternativos y opciones sabias. Una mujer flexible no se recuesta y dice: "Esta es la manera en que siempre lo hemos hecho". Ella reconoce la oportunidad para ponerse en acción en lugar de inquietarse con ira o miedo. Un viejo proverbio japonés dice: "El bambú que se dobla es más fuerte que el roble que resiste". Nabal era inflexible. Estaba atascado en sus caminos y su falta de visión. Abigail, por otro lado, era flexible, respondiendo a sus desafíos con gracia y acción positiva.

¿Cómo crecemos para ser flexibles en las manos de Dios? Todo se reduce a nuestras creencias. Si creemos que Dios es soberano y que Él nos ama, podemos mirar hacia Él cuando los vientos de cambio o desafíos vienen a nuestras vidas. Nuestra fe cambia la manera en que respondemos a las circunstancias. Al saber que el Dios que todo lo ve nos aleja de la desesperación, podemos responder a las situaciones con la tranquila seguridad de que Él nunca nos dejará y que su mano nos guiará. Podemos decir: "Aunque esto no es lo que había planeado, puedo confiar en que Dios traerá algo bueno de la situación".

Podemos aprender a ser flexibles y responder con gracia cuando nuestros ojos están en el Señor y nuestra confianza está en su plan. No hay garantías de lo que pasará mañana, pero sí sabemos que no estamos solas en las batallas que enfrentamos. Al igual que Abigail, podemos poner nuestra fe en acción y avanzar para marcar la diferencia en una situación aparentemente imposible. El siguiente poema nos recuerda la diferencia que trae nuestra fe en cómo vemos nuestras circunstancias.

Los caminos de mi Padre pueden girar y cambiar,
Mi corazón puede palpitar y doler.
Pero en mi alma me alegro porque sé,
Que Él no comete errores.

Mis planes predilectos pueden salir mal,
Mis esperanzas pueden desaparecer,
Pero aun así confiaré en mi Señor que me guía,
Porque Él conoce el camino.

Aunque la noche esté oscura y parezca
que el día nunca romperá,

Fijaré mi fe, mi todo, en Él,
Porque Él no comete errores.

Hay tantas cosas que ahora no puedo ver,
Mi vista es demasiado tenue,
Pero pase lo que pase,
Simplemente confío y dejo todo a Él.

Poco a poco la niebla desaparecerá,
Y todo puro Él hará,
A través del camino, aunque oscuro para mí,
¡Él no cometió ningún error![5]

A.M. OVERTON

Podemos confiar en la gracia soberana de Dios en todo lo que venga a nuestras vidas con la seguridad de que Él camina con nosotras. No necesitamos preocuparnos o quejarnos, simplemente avanzar con una humilde confianza en el Dios que nos ama y que tiene un plan grande y hermoso. Siga adelante, mi amiga, con sus ojos en Él y su fe en la obra que aún va a hacer en su vida.

Estrategia de vida positiva

Verdad poderosa
A través de los giros y vueltas de la vida, responda con sabiduría, fe y acción.

Plan de acción
1. Enriquezca su fe en Dios a través de la lectura de su Palabra y la oración.
2. Sea flexible durante las tormentas de la vida.

3. Mantenga sus ojos en el panorama completo.
4. No pierda el tiempo quejándose o preocupándose.
5. Haga un plan positivo, manteniendo sus ojos en Dios para que le dé su dirección y su fuerza.
6. Busque lo que puede hacer, en lugar de centrarse en lo que no puede hacer.
7. Resuelva los problemas con humildad y bondad.

Entre en acción

¿Hay alguien con quien usted necesita hacer las paces? ¿Usted tiene un conflicto con alguien que necesita ser resuelto? Haga un plan en oración para ir a esa persona y hacer las cosas de forma correcta. Reflexione sobre la humilde mediación de Abigail con David. No solo edificó a David, sino que también pidió perdón. Lo más importante es que continuamente señaló al Señor y buscó una solución amistosa.

Escríbalo en su corazón

Confía en el Señor de todo corazón, y no en tu propia inteligencia. Reconócelo en todos tus caminos, y él allanará tus sendas.

PROVERBIOS 3:5-6

Preguntas para el debate

- ¿En qué tipo de situaciones es más difícil para usted responder con sabiduría y bondad?

- ¿Cómo puede en el futuro ser más proactiva en sus respuestas?

Capítulo ocho
Crea en grande

No debemos pensar que donde no vemos
posibilidad, Dios tampoco la ve.

Marcus Dods

Al que puede hacer muchísimo más que todo lo que podamos
imaginarnos o pedir, por el poder que obra eficazmente en
nosotros, ¡A él sea la gloria en la iglesia y en Cristo Jesús por
todas las generaciones, por los siglos de los siglos! Amén.

Efesios 3:20-21

Laura Glass a menudo alienta a sus amigas con las palabras: "¡Nunca sabemos lo que está al doblar la esquina! El plan de Dios es mejor que nuestro plan". De hecho, Laura aprendió esta lección en su propia vida y ahora le encanta ayudar a otras mujeres a encontrar la esperanza a pesar de sus desafíos. Dice que lo que ella creyó que era el peor día de su vida en realidad resultó ser uno de los mejores días de su vida. El día en que su hijo Billy Ray nació los médicos le informaron inmediatamente a Laura y a su esposo que su hijo probablemente no viviría. Billy Ray no sólo tenía síndrome de Down, también tenía una obstrucción potencialmente mortal en el estómago. ¡Pero Dios tenía grandes planes para la familia Glass y para Billy Ray!

Al principio, Laura tuvo problemas con el hecho de que la vida sería diferente con la crianza de un niño Down. No sabía qué esperar, ni tampoco tenía idea de lo que el futuro podría traer para su hijo a medida que creciera. Hubo muchos días cuando se sintió triste y melancólica mientras luchaba a través de este viaje inesperado. Su esposo, Billy, trató de ayudarla a aceptar su nueva realidad y a dejar de lado sus viejas expectativas de lo que sería la vida. Progresivamente lamentó la pérdida de sus sueños antiguos y comenzó a abrazar y apreciar lo que tenía. Billy la animó para que cada día pudiera elegir ser feliz.

Laura decidió que cada mañana cuando se levantara de la cama y pusiera los pies en el suelo, se diría a sí misma: *Hoy va a ser un buen día.* Poco a poco dejó de estar triste para estar alegre por todo lo que Dios le había dado.

Empezó a darse cuenta de que había subestimado lo que Billy Ray podía hacer. Aprendió a andar en bicicleta al igual que sus dos hermanos. Tomó algunos años, pero finalmente lo logró con mucha persistencia, ayuda y aliento de sus padres. Comenzó a participar en las Olimpiadas Especiales y cuando construyeron un nuevo centro de natación cerca de su casa, Laura decidió ayudar a varios de los atletas especiales para que aprendieran a nadar. Empezó con cinco. Cuando la clase creció, invitó a estudiantes del equipo de natación local para ayudar a enseñar a los nadadores especiales.

Varias madres que estaban buscando una manera de hacer servicio comunitario con sus hijos vieron la oportunidad maravillosa, así que empezaron una organización llamada SASO (Estudiantes y Atletas Sirviendo a Otros, por sus siglas en inglés). SASO asumió la feliz responsabilidad de ayudar a los nadadores especiales y organizaron competencias de natación donde los nadadores pudieran competir. En uno de sus encuentros recientes tuvieron 200 atletas y 90 voluntarios. ¡Cuando Laura empezó solo con cinco nadadores especiales no tenía idea de que crecería así!

❧

Actualmente Billy Ray es portavoz de las Olimpiadas Especiales en su programa de Mensajeros Mundiales y habla a grandes audiencias sobre la organización. Una de sus mayores alegrías es ir a la iglesia el domingo por la mañana y adorar al Señor. ¡Canta en el culto de las 9:30 a. m. y también asiste a los otros dos servicios de la mañana! Laura y Billy dijeron que todo el mundo los conoce como "los padres de Billy Ray" porque su hijo es muy popular en la iglesia y la comunidad. Su frase favorita que le dice a todo el mundo es: "¡Deje que Dios haga la obra!".

Billy Ray trabaja en una tienda y constantemente alegra a los clientes. Laura dice: "En los niños con síndrome de Down hay muchísimo amor fluyendo". "El amor de Billy Ray es la forma más pura de amor, un amor como el de Dios. Demuestra a las personas cómo alcanzar a otros de forma sincera y genuina y los alienta a través del amor y la bondad. La sonrisa de Laura lo dice todo. Sabe que Dios ha hecho más de lo que jamás hubiera soñado a través de la bendición de Billy Ray y espera con interés todo lo que Dios le tiene reservado. Él es un Dios grande, con grandes planes, más allá de lo que podemos pedir o imaginar. ¿Y usted? ¿Qué tan grande es su percepción de Dios?

Determinación durante las dificultades

Armin Gesswein dijo: "Cuando Dios está a punto de hacer algo grande, Él comienza con una dificultad. Cuando está a punto de hacer algo realmente magnífico, comienza con una imposibilidad".[1]

A menudo nuestra fe crece en medio de las dificultades y nos apoyamos en Dios más de cerca. Tal fue el caso de la viuda que se acercó a Eliseo con sus problemas. La Biblia nos dice que era la viuda de un hombre del grupo de los profetas, por lo que probablemente no era una extraña para Eliseo. La Biblia no nos dice su nombre, pero nos dice que ella "clamó a Eliseo" lo cual implica desesperación. De hecho estaba desesperada. ¡Como su esposo había muerto, ella no podía pagar sus deudas y ahora el acreedor venía a llevarse a sus dos hijos como esclavos!

Esta mujer sabia conocía su necesidad, pero lo más importante, sabía a quién clamar. Estaba muy consciente de los dones que Dios había dado a Eliseo. Es probable que su esposo le hubiera dicho de las grandes cosas que había visto hacer al profeta. Eliseo estaba con el profeta Elías cuando golpeó el agua del río Jordán y los dos cruzaron sobre tierra seca. Dios también utilizó a Eliseo para purificar milagrosamente el agua para una ciudad plagada con agua de mala calidad. Esta viuda sabia que Dios había usado a Eliseo en grandes maneras. En su desesperación clamó a este hombre de Dios en busca de ayuda.

Eliseo le hizo una pregunta simple: "¿Y qué puedo hacer por ti? Dime, ¿qué tienes en casa?".[2] Note que Eliseo sólo se preocupó por lo que ella tenía. No quería saber lo que había perdido o lo que no tenía. Se limitó a preguntar: "¿Qué tienes?". ¿No es esa la pregunta que deberíamos hacernos? En lugar de estar preocupadas por lo que no tenemos o lo que otros tienen, debemos enfocarnos en esa simple pregunta: ¿Qué tenemos?

¿Recuerda al pequeño niño en la gran multitud que Jesús enseñaba? Cada uno tenía hambre y los discípulos sugirieron a Jesús que los enviara a casa para que pudieran comprar algo para sí mismos. Él respondió diciendo: "Denles ustedes mismos de comer".[3] Espere un minuto. ¿Qué quiso decir? No tenían nada para alimentar a una multitud tan grande.

Pero fue un gran reto ya que los hizo pararse y pensar: *Bueno, ¿qué tenemos?* Los discípulos encontraron a un muchacho con dos panes y cinco peces, sin embargo, se preguntaron: "¿Hasta dónde alcanzará esto para tanta gente?". Oh, pero olvidaron con quién estaban. El Dios que puede tomar poco y hacer mucho. El Dios que es capaz de calmar el mar y transformar el agua en vino y curar a los enfermos. Él no se preocupa por lo que no tenemos, se preocupa por lo que tenemos y estamos dispuestas a ofrecerle.

A veces lo que hemos perdido o nunca tendremos nos consume tanto que perdemos de vista lo que se nos ha dado. Esa es una razón por la que cada mañana escribo por lo menos cinco cosas por las que estoy agradecida. Siempre resultan ser mucho más de cinco cosas y cuando he terminado con mi lista llena de alegría siempre me doy cuenta de lo muy bendecida que soy. Es una oportunidad para centrarme en lo que tengo y en lo que se me ha dado. Si le hicieran la pregunta que Eliseo hizo a la viuda: "¿Qué tiene?". ¿Sería capaz de responder rápidamente porque ha estado dando gracias al Señor continuamente?

Agregar recursos

Incluso en nuestros desafíos, podemos dar gracias al Señor por lo que tenemos. En mi lista de gratitud diaria, siempre trato de darle gracias por al menos uno de los retos o decepciones de mi vida. Al menos eso es una oportunidad para confiar en Él durante las dificultades. A menudo, cuando le doy gracias por algo un poco imperfecto en mi vida, comienzo a ver el beneficio, la lección que aprendí o el crecimiento que puede tener lugar. No sé si la viuda del profeta estaba haciendo un inventario diario de lo que tenía, pero cuando Eliseo le preguntó lo que tenía en su casa le dijo: "Tu sierva no tiene nada en absoluto, excepto un poco de aceite".

¡Eso es todo lo que Eliseo necesitaba oír! Ella tenía algo y eso era suficiente para multiplicarlo en algo más. Me encanta la multiplicación de Dios. Nuestro pequeño algo, multiplicado por su gran poder, puede ir mucho más lejos y más amplio de lo que imaginamos. Eliseo le dijo a la viuda del profeta... espere, vamos a llamarla Penélope por ahora. Eso suena mucho mejor. Eliseo le dijo a Penélope: "Sal y pide a tus vecinos que te presten sus vasijas; consigue todas las que puedas. Luego entra en la casa con tus hijos y cierra la puerta. Echa aceite en todas las vasijas y, a medida que las llenes, ponlas aparte".[4]

Eliseo sabía que iba a necesitar la ayuda de otros. Sabía que había recursos disponibles para ella, así que le dio instrucciones de buscarlos. Aquí hay un mensaje para todas nosotras "mujeres independientes" que pensamos que podemos hacerlo todo nosotras mismas. Dios provee los recursos más allá de nuestros dones y talentos y también debemos llegar a ellos. Las instrucciones eran llegar y conectarse con los recursos de otros. Para algunas de nosotras es fácil pensar que podemos hacerlo mejor por nuestra cuenta. Pero no, Dios ama la comunidad y Él quiere que nos conectemos. Cuando traemos a otros a nuestros proyectos y servimos a los demás con ellos, la alegría se extiende por todas partes.

Por supuesto, siempre está esa otra cara de ser demasiado dependientes o estar muy necesitadas de los demás. No queremos molestar a los demás constantemente con nuestros problemas o necesidades. Hay un equilibrio saludable y creo que el equilibrio viene cuando buscamos al Señor primero y seguimos su dirección. Él nos llevará a los recursos adecuados, así como al equilibrio saludable de utilizar lo que ya tenemos.

Ahora quiero que usted capte un rayo brillante de la fe de Penélope. Como Eliseo le dijo que buscara la mayor cantidad de vasijas que fuera posible y empezara a verter el aceite en ellas, se podría pensar que ella respondería: "¿Está bromeando? ¿No me ha oído? Casi no queda aceite. ¿Cómo voy a verterlo en otras vasijas?". Afortunadamente esa no fue la respuesta de Penélope. No, la Biblia simplemente nos dice que ella se fue. Creo que estaba lista para avanzar en la fe. Creo que sabía que Dios tenía preparado algo grande. No sabemos cuántas vasijas recogió, pero sí sabemos que comenzó a verter…y a verter y a verter.

Tiempo a solas

Una pequeña nota interesante. Esta mañana cuando empecé a escribir este mismo capítulo, abrí un libro devocional que me gusta leer cada día. Uno que ha existido por muchos años, se llama *Manantiales en el desierto,* y trae lecturas para cada día de una variedad de fuentes y autores, todos centrados en caminar en la fe, especialmente en tiempos difíciles. Para sorpresa mía, la lectura para esta mañana estaba basada en la historia de Eliseo, la viuda y el aceite. Más aún, el autor resaltó un punto que yo ni siquiera había considerado.

Se centró en la instrucción de Eliseo a "entrar y cerrar la puerta detrás de ella y de sus hijos". He aquí un extracto:

> La viuda y sus dos hijos debían estar a solas con Dios. No iban a actuar las leyes de la naturaleza, el gobierno humano, la iglesia, o el sacerdocio. Tampoco iba a actuar el gran profeta de Dios Eliseo. La viuda y sus hijos tenían que estar aislados de todo ser terrenal, separados de los razonamientos humanos y apartados de las tendencias naturales a prejuzgar las

circunstancias en que se encontraban. Tenían que proceder como si hubiesen sido arrojados a la vasta expansión del espacio sideral, donde solo dependían de Dios, donde estarían en contacto con la Fuente de los milagros.

Este es uno de los elementos que entran en los planes de Dios para tratar con nosotros. Hemos de entrar en una cámara secreta y aislada en actitud de oración y fe, lo cual resulta sumamente fructífero. En ciertos momentos y lugares, Dios levantará un misterioso muro alrededor de nosotros. Retirará todos los soportes en los cuales nos apoyamos comúnmente, y nos privará de todas las formas habituales de hacer las cosas. Dios se ocupará de aislarnos para ofrecernos, de su naturaleza divina, algo completamente nuevo e inesperado que no podremos entender examinando las circunstancias en que hemos vivido hasta entonces. Nos encontraremos en un lugar donde no sabremos lo que está ocurriendo, donde Dios estará ocupado en cortar la tela de nuestra vida sobre la base de un molde nuevo llevándonos a mirarle a Él.

La mayoría de los cristianos vive una vida rutinaria; una vida en la que se puede predecir casi todo lo que ocurrirá en ella. Pero las almas que Dios guía hacia situaciones impredecibles y especiales viven aisladas por Él. Todo lo que saben es que Dios los tiene en sus manos y que Él se ocupa de orientar su vida. De esta manera sus expectativas vienen solamente de Él.

Como esta viuda tenemos que vivir despreocupados de las cosas externas, e interiormente ocupados con el Señor solo, con el fin de ver sus maravillas.[5]

Honestamente, nunca me había dado cuenta de este aspecto de la historia, sin embargo, qué parte tan importante para considerar. Nosotras aprendimos antes sobre la importancia de llegar a los demás y conectarnos los unos con los otros, pero es aún más vital que pasemos tiempo a solas con Dios. A medida que tenemos comunión con Él, nuestra fe crece. A medida que aprendemos de Él, nos centramos en lo que Él es capaz de hacer. Mientras permanecemos en Él, nos volvemos fructíferas. Jesús dijo que Él es la vid y nosotros las ramas. Nos dijo que permaneciéramos, que siguiéramos, que viviéramos en Él; y que cuando lo hagamos, daremos mucho fruto. Él añadió: "Separados de mí no pueden ustedes hacer nada".[6]

Existe el peligro de ir y hacer y estar conectadas y sin embargo nunca estar quietas y a solas con Él. Debemos tener cuidado de depender de otros para alimentarnos y ayudarnos a crecer espiritualmente. Sí, la comunidad es importante, pero el tiempo a solas con el Padre es esencial. Hágalo una prioridad. Penélope fue a su casa y cerró la puerta. Se deshizo de todas las distracciones, porque esto era entre ella y Dios. Su obra, su camino, sola con su fe y lo poco que tenía para ofrecer. Cada vasija que buscó representaba una porción de su fe. Fue adentro, sola con Él, que ella comenzó a verter y Él comenzó a multiplicar.

Mi amiga, no descuide el tiempo a solas con Él. Póngalo en su horario y conviértalo en una prioridad esencial en su vida. Mientras me imagino la pequeña morada de Penélope, esta ofrece hermosas imágenes de la invitación que Jesús nos hace: "Sigan (vivan, permanezcan) en mí". En Apocalipsis leemos las palabras de Jesús a la iglesia de Laodicea: "Mira que estoy a la puerta y llamo. Si alguno oye mi voz y abre la puerta, entraré, y cenaré con él, y él conmigo".[7] ¡Oh, qué maravilloso es tener comunión con nuestro Señor! Oh, qué dulce puede ser el tiempo a solas con Él. ¡Oh, que grandes milagros pueden suceder! Abra la puerta de su corazón y esté en comunión con Él.

Nuestro Dios generoso

Usted probablemente ha adivinado el final de la historia. Penélope comenzó a verter y no se detuvo hasta que la última vasija estuvo llena. Después de llenar todas las vasijas hasta el borde, me pregunto si ella dijo: "¡Debimos haber buscado más vasijas!". O si se alegró por haber buscado todos los frascos que posiblemente hubiera podido encontrar y se sintió emocionada con los resultados. Sabemos que fue a decirle a Eliseo acerca de la maravillosa recompensa. Él le dijo que fuera a vender el aceite y pagara sus deudas y viviera con el resto. ¡Obviamente había aceite más que suficiente para sus necesidades! Dios derramó sus regalos sobre Penélope y sus hijos, pródigamente y con generosidad.

Me regocijo en la generosidad de nuestro Dios. No es egoísta. Es generoso y misericordioso. Es generoso en su amor para con los suyos, es generoso en su gracia y es generoso en su sabiduría. Juan, el discípulo amado, escribió: "¡Fíjense qué gran amor nos ha dado el Padre, que se nos llame hijos de Dios! ¡Y lo somos!".[8] El verbo *dar* indica que es "generoso, no refrenado". Dios no refrena su amor para con nosotras como sus hijas, más bien es generoso con él.

Pablo escribió a la iglesia en Éfeso: "En Él tenemos la redención mediante su sangre, el perdón de nuestros pecados, conforme a las riquezas de la gracia que Dios nos dio en abundancia con toda sabiduría y entendimiento".[9] ¡Ahí está el verbo *dar* otra vez! Él generosamente derrama su gracia sobre aquellos que creen en Cristo. Somos perdonadas por la sangre de Cristo derramada en la cruz por nosotras. Dios el

Padre no es "un poco" misericordioso con nosotras. Él no nos da un poco de la gracia aquí y allá. ¡No, Dios está rebosante de gracia! Es rico en gracia y derrama su gran misericordia y bondad abundantemente.

Finalmente, Dios generosamente nos da sabiduría cuando se la pedimos. Es un Dios que da y quiere concedernos dirección y orientación cuando buscamos su ayuda. Santiago escribió: "Si a alguno de ustedes le falta sabiduría, pídasela a Dios, y él se la dará, pues Dios da a todos generosamente sin menospreciar a nadie".[10]

Me siento fortalecida y animada porque de sus gloriosas riquezas Dios nos da su amor, su gracia y su sabiduría. No hay límite a su poder y no hay límite a lo que Él puede hacer a través de sus amadas hijas.

❦

¿Y usted? ¿Cree que Dios la puede usar para marcar una diferencia en la vida de las personas? ¿Cree usted que Él puede usar sus dones y talentos, a pesar de sus incapacidades o debilidades, a pesar de su pasado? ¿Cree usted que Él la creó con un propósito y trabajará más allá de sus limitaciones para cumplir con ese propósito? ¿Está dispuesta a invitarlo a hacer cosas poderosas en usted y a través de usted? ¡Crea en grande! Crea que Dios puede utilizarla de formas maravillosas y significativas. Crea que Él oye sus oraciones y proveerá lo que es mejor para usted. Crea que Él es bueno y tiene un buen plan. Nuestro Padre, que nos ama entrañablemente, tiene recursos ilimitados. Busque su ayuda en todas las áreas de su vida.

Verdad poderosa

Crea que cuando damos a Dios lo poco que tenemos,
Él puede hacer cosas grandes y poderosas.

Plan de acción

1. Vaya a Dios con sus necesidades.
2. Haga un inventario diario de lo que tiene contando
   sus bendiciones cada mañana.
3. Utilice los recursos que Dios pone a su alrededor.
4. Pase tiempo a solas con Él, buscando su ayuda y
   orientación.
5. Dé un paso adelante en la fe. No limite las
   posibilidades.

Entre en acción

¿Conoce a alguien que está luchando por creer a Dios
y confiar en Él a través de las dificultades? Ayúdele a
creer en grande recordándole las historias y las Escrituras de este capítulo y ore con ella. Pídale al Señor
que le dé fortaleza y paz, pero lo más importante, pídale sabiduría cada día cuando dé un paso adelante.
Recuérdele que nunca se sabe lo que está al doblar
la esquina y recuérdele, como Billy Ray dijo: "Deje
que Dios haga la obra". Ayude a que confíe en que su
plan es un buen plan y Él puede hacer más de lo que
pedimos o entendemos.

Escríbalo en su corazón

*Mediante su divino poder, Dios nos ha dado todo
lo que necesitamos para llevar una vida de rectitud.
Todo esto lo recibimos al llegar a conocer a aquel*

que nos llamó por medio de su maravillosa gloria y
excelencia.

2 Pedro 1:3-4, ntv

Preguntas para el debate

- Hable de alguna vez en su vida cuando Dios hizo mucho más de lo que pidió o imaginó.

- ¿Qué nos impide a veces creer en grande?

Ocho verdades transformadoras que pueden cambiar su vida

No es mi capacidad,
sino mi respuesta a la capacidad de Dios
lo que cuenta.

Corrie ten Boom

¡Aquí está su última comisión, su resumen emocional, su empuje positivo para ir hacia delante! Utilizando los principios que aprendimos en este libro, quiero hacer un recordatorio rápido para ayudarle a medida que continúa en su viaje. Recuerde que no está sola, su amoroso Padre celestial camina con usted a cada paso del camino.

1. Mantenga un pensamiento correcto. Solo preocúpese por lo que es verdadero, noble y correcto.

2. Mantenga su enfoque en las oportunidades. No se deje distraer por sus dificultades.

3. Siga corriendo su carrera. No se desanime al compararse con los demás.

4. Mantenga la crítica bajo control. De más aliento que desaliento.

5. Mantenga un espíritu valiente. Luche contra la preocupación y los temores con fe.

6. Siga llegando a otros. Salga de su zona de comodidad para ser una bendición.

7. Mantenga una actitud proactiva. Protéjase contra reacciones instintivas. Responda sabiamente.

8. Sigua creyendo en grande. Confíe en un Dios grande para hacer cosas grandes.

Para mayor aliento positivo de Karol,
vaya a su sitio web en inglés en
www.PositiveLifePrinciples.com.

Notas

Capítulo 1—Escuche las voces correctas

1. A.W. Tozer, según se cita en The Westminster Collection of Christian Quotations, Martin H. Manser, comp. (Louisville, KY: Westminster John Knox Press, 2001), p. 376.
2. Génesis 3:1-7
3. 1 Pedro 5:8
4. Filipenses 2:13
5. Salmo 23
6. Juan 15:9
7. 1 Juan 3:1

Capítulo 2—Busque las oportunidades

1. 2 Samuel 23:20
2. Salmo 103:4 (RV60)
3. Lamentaciones 3:19-20
4. Lamentaciones 3:21-25
5. Salmo 34:5
6. Génesis 18:9-15

Capítulo 3—Evite las comparaciones

1. Filipenses 3:14
2. Génesis 29:32-35
3. Génesis 30:1-2
4. More Gathered Gold, John Blanchard, ed. (Hertfordshire, England: Evangelical Press, 1986), p. 84.
5. Romanos 12:15

Capítulo 4—Dedíquese a animar, no a desanimar

1. Números 12:1-3
2. Números 12:4-10
3. Números 12:10-13
4. Lucas 6:27-28

5. Proverbios 15:4
6. Santiago 3:7-8
7. Salmo 19:14

Capítulo 5-Enfrente sus temores

1. Ester 4:11
2. Ester 4:13-14
3. Ester 4:16
4. Santiago 1:2-8
5. Salmo 23:4 NTV
6. Josué 1:8-9
7. Proverbios 9:10
8. 2 Crónicas 20:2-4
9. 2 Crónicas 20:5-12
10. 2 Crónicas 20:13-17
11. 2 Crónicas 20:18-19
12. 2 Crónicas 20:20-23

Capítulo 6—Ayude a otros

1. Yo patrocino una organización misionera y de atención a niños llamada Gospel for Asia (ww.GFA.org) y también World Vision (www.worldvision.org).
2. Rut 1:16-18
3. Rut 2:11-12
4. Salmo 36:5-9
5. Ver Levítico 25:25
6. Filipenses 2:5-8
7. Juan 15:13
8. Proverbios 31:20, 25, 29
9. Proverbios 31:30-31

Capítulo 7—Sea proactiva en vez de reactiva

1. 1 Samuel 25:10-11
2. 1 Samuel 25:14-17

3. 1 Samuel 25:32-35
4. 1 Samuel 25:28-31
5. A.M. Overton, "He Maketh No Mistake," 1932. Ver www. churchlead.com/mind_wanderings/view/1630/ para la historia sobre este poema, como la cuenta el nieto del autor, Rob Overton.

Capítulo 8—Crea en grande

1. More Gathered Gold, John Blanchard, ed. (Hertfordshire, England: Evangelical Press, 1986), p. 116.
2. 2 Reyes 4:2
3. Marcos 6:37
4. 2 Reyes 4:3-4
5. *Manantiales en el desierto*, L.B. Cowman, Editorial Vida, Miami, FL, 1998.
6. Juan 15:5
7. Apocalipsis 3:20
8. 1 Juan 3:1
9. Efesios 1:7-8
10. Santiago 1:5

Acerca de la autora

Karol Ladd es conocida como la "Señora positiva". Su don único de animar a las mujeres utilizando la Palabra de Dios, así como su entusiasmo y alegría, se hacen evidentes tanto en su forma de hablar como de escribir.

Karol ha escrito más de 25 libros que se han convertido en éxitos de venta, incluyendo *El poder de una madre positiva*, *El poder de una amiga positiva*, *Una mujer con pasión y propósito*, *El poder de una mujer positiva* y *Secretos para una vida exitosa*. Es una maestra bíblica muy preparada y una popular conferencista en organizaciones de mujeres, iglesias y eventos corporativos en todo el país. Karol también es una invitada frecuente en la radio y la televisión que comparte el mensaje de alegría y fortaleza que se encuentra en el Señor. Su rol más precioso es el de esposa de Curt y madre de dos hijas, Grace y Joy.

Visite su sitio web en inglés **www.PositiveLifePrinciples. com** para dosis diarias de ánimo y para obtener más información acerca de cómo puede comenzar su propio Estudio Bíblico de Conexión de la Mujer Positiva.